우리는 왜
기후 위기에 대비해야 할까?

우리는 왜 기후 위기에 대비해야 할까? **지은이** 에티엔느 레크로아, 이바르 에클랑 **옮긴이** 강현주 **발행인** 이상용 **발행처** 청아출판사 **출판등록** 1979. 11. 13. 제9-84호 **주소** 경기도 파주시 회동길 363-15 **대표전화** 031-955-6031 **팩스** 031-955-6036 **전자우편** chungabook@naver.com **발행일** 초판 1쇄 인쇄 · 2021. 11. 1. 초판 1쇄 발행 · 2021. 11. 15.

ISBN 978-89-368-1190-7 03300

값은 뒤표지에 있습니다. 잘못된 책은 구입한 서점에서 바꾸어 드립니다. 본 도서에 대한 문의사항은 이메일을 통해 주십시오.

우리는 왜 기후 위기에 대비해야 할까?

기후 온난화가 불러올 생태계 위기에 대처하는 방법

에티엔느 레크로아 · 이바르 에클랑 지음 | 강현주 옮김

어떻게 멈추지?

청아출판사

마리엘과 새로운 세대의 모든 아이에게

- 2020년 2월 2일의 꿈 -
아직 어린 내 딸 마리엘을 화형식의 제물로 바쳐야 합니다.

생각만 해도 끔찍합니다. 마리엘은 아무것도 모르고 있습니다.
마리엘을 제물로 바치는 척하다가 곧바로 불을 꺼버릴 겁니다.

직접 인화성 액체를 마리엘에게 끼얹었습니다.

액체가 내게 튀었습니다. 겁이 났습니다.
이제는 내가 불을 끌 수가 없게 됐어요.

아무것도 모르는 마리엘은 빠져나가려고 이리저리 뛰고 있습니다.

불길이 다시 덮쳤고, 마리엘은 불길에서 벗어나지 못합니다.
정말 미칠 것 같습니다.

호주에서 대형 척추동물 수십억 마리가 죽은 것으로 추정됩니다.
몇몇 희귀종은 멸종했고요.

게다가 수원을 마르게 했다는 이유로
수천 마리의 단봉낙타를 죽였습니다.

여기는 이민자들을
늘 이런 식으로
맞이한단 말이야.

호주 정부는 기후 온난화의 현실을 믿지 않고
수자원에 대한 권리를
사기업에 팔아넘겼습니다.

물 있어요?

그러는 동안 사람들은 엄청난 기후 재앙에 무력감을 느끼고 있습니다.
우리가 무엇을 할 수 있을까요?

각자 자기가 할 수 있는
일을 해야만 합니다.

내가 하려고 하는 것이 바로 그것입니다. 나는 이 주제에 대해
《개구리 신드롬》(2015)이라는 책을 썼습니다.
지난해부터는 파리 도핀 대학에서 기후 온난화와 21세기의 위기를 강의하고 있고요.

언제부터 이 문제에 관심을 가졌습니까?

2003년이었죠.

그해에 내가 교수로 지냈던 캐나다 브리티시컬럼비아주는
면적이 프랑스의 1.5배이지만,
인구는 밴쿠버의 절반인 500만 명밖에 되지 않습니다.

몇몇 보존 지역을 제외하고는 탐험가들이
인디언의 고대 문명을 없애버렸고, 거대한 원시림은 파괴되거나
일모작 경작지로 개발됐습니다.

심지어 그곳에 5mm 길이의 작은 곤충인 소나무좀이 유입돼
수백만 헥타르의 숲이 황폐해졌습니다.

> 나는 숲을 황폐하게 해서 개발할 수 없게 만들지!

소나무좀은 단 한 품종의 나무만 공격하고, 추운 겨울을 견디지 못합니다.
영하 30도 이하의 기온에서 닷새가 지나면 죽었습니다.
하지만 2000년 이후로는 추운 날씨가 지속되는 상황이 사라졌습니다.

> 달콤한 세계적 온난화

죽은 나무들은 산불의 불쏘시개가 되어서
수백만 헥타르를 파괴했습니다. 밴쿠버에서는 연기가 태양을 가려서
공기가 통하지 않을 정도였습니다.

> 생태계 재앙 대상

> 저는 그 무엇도 가능하지 않게 만들어 준 인간에게 감사를 표하고 싶습니다.

그리고 바로 그곳에서 항생제로 가득한 연어 양식장의
참상도 보았습니다. 그 물이 해안을 오염시키고
야생종을 병들게 하고 있었어요.

> 내가 너에게 질병과 배설물을 가져왔어.

> 그러지 마.

나는 경제학자들이 어떻게 말하는지 궁금했습니다.
그런데 그들은 이 문제에 아무런 관심도 없더군요.

경제학자들은 마치 인간이 밀폐된 유리병 속에 살고 있고, 자연은 끝없이 옮겨 담을 수 있는 또 다른 꽃병 속에 존재한다고 생각하는 듯했습니다.

그들은 또한 시장이 모든 것을 해결할 수 있다고 생각합니다.
하지만 돈은 돈을 가장 많이 벌 수 있는 곳으로 움직이지
장기적인 관점에서 정말 필요한 곳으로 움직이는 경우는 드뭅니다.

나는 GIEC* 보고서를 읽고 정부가 아무런 반응도 하지 않았다는 사실에 정말 놀랐습니다.
미디어도 별다른 관심을 보이지 않았습니다.

* 기후 변화에 관한 정부 간 협의체

현재로서 가장 큰 과제는 환경 문제와 불평등 심화입니다.
지도자들이 더는 대안이 없다고 우리를 설득할 수 없도록,
가능한 한 많은 사람이
알아야 합니다.

우리는 이런 불안, 충격, 체념의 상태에서
벗어나야 합니다.

좋아요, 그러면
우리가 할 수 있는 것,
만화를 그려 봅시다!

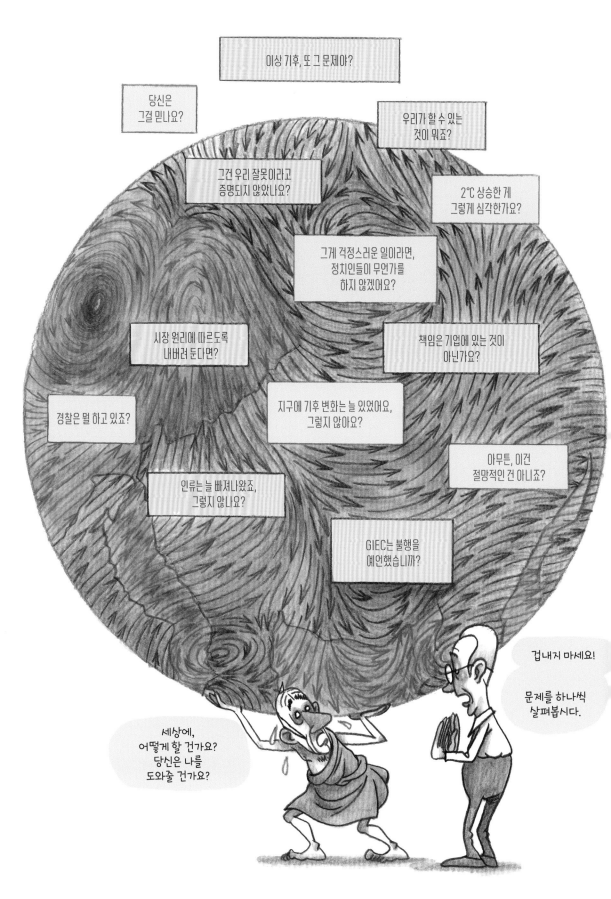

이상 기후도 이것과 비슷합니다. 우리 각자가 부분밖에 보지 못하는 거대한 동물 같아요.

우리는 그 부분을 모아서 전체를 보는 노력을 할 것입니다.

처음부터 시작합시다! 물리학자(physicien)를 소개하겠습니다.

물리학자(physicienne)*입니다!

아, 죄송합니다!

* physucien(물리학자)의 여성형 명사

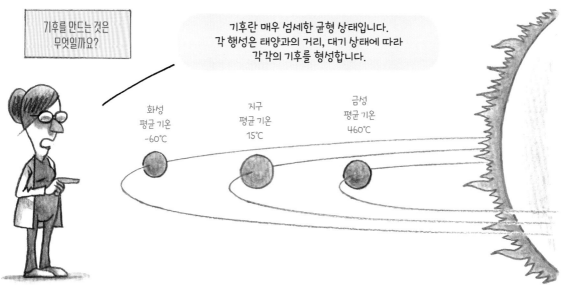

기후를 만드는 것은 무엇일까요?

기후란 매우 섬세한 균형 상태입니다. 각 행성은 태양과의 거리, 대기 상태에 따라 각각의 기후를 형성합니다.

화성 평균 기온 -60℃

지구 평균 기온 15℃

금성 평균 기온 460℃

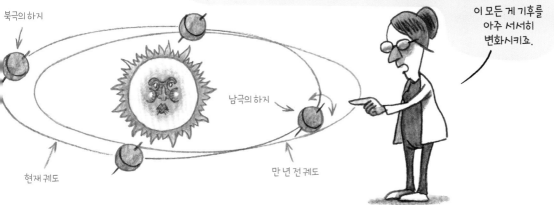

우리 지구는 회전축의 경사가 계절을 만듭니다. 회전축이 태양을 똑바로 향하고 있을 때가 춘분점입니다. 하지만 축은 조금씩 움직이고 궤도의 모양은 변하고, 춘분점은 이동합니다. 1941년에 지구물리학자 밀루틴 밀란코비치가 발견했던 것처럼

이 모든 게 기후를 아주 서서히 변화시키죠.

북극의 하지

남극의 하지

현재 궤도

만 년 전 궤도

지구는 생성된 이래로 지금보다 5℃ 이상 기온이 높았던 매우 더운 시기와 현재같이 추운 시기를 거쳤습니다. 우리가 사는 지금이 추운 시기에 속한다는 것이 모순적입니다.

영장류

25℃

20℃

15℃

더운 시기　추운 시기　더운 시기　추운 시기　더운 시기　추운 시기

-4억 년　-3억 년　-2억 년　-1억 년　0

그래프 끝을 다시 크게 확대해 보면, 우리는 추운 시기에 빙하기와 간빙기를 반복해 왔다는 것을 확인할 수 있습니다.

호모 사피엔스

크로마뇽인

17℃
15℃
13℃
11℃
9℃
7℃

리스 빙하기　홍적세

-450000　-400000　-350000　-300000　-250000　-200000　-150000　-100000　-50000　0

더 확대해 보면, 현재 시기를 여러 단계로 구분할 수 있다는 사실을 알 수 있습니다. 온난화는 매우 빠르게 진행되고 있습니다. 수만 년에 걸쳐 이루어지던 기후 변화가 지금은 수십 년 만에 이루어지고 있습니다.

문자　이집트　로마　소빙하기

17℃

16℃

15℃

농경

14℃

-8000　-7000　-6000　-5000　-4000　-3000　-2000　-1000　0　1000　2000

모든 열은 태양에서 올까요?

그렇습니다. 99.9%는요.
하지만 대기가 없다면
지구 온도는 적어도
30℃ 정도
더 낮아질 것입니다.

온실 효과로
이 열을 땅 위에 가두어두는
것은 바로 대기입니다.

대기는 광선을 대부분 통과시킵니다. 아주 일부만 반사하죠.
가열된 지구는 적외선을 방출하지만, 적외선은 온실가스에 막혀 상당 부분 되돌아옵니다.
온실가스는 우리 몸이 발산하는 열을 가두는
이불처럼 작용합니다.
이불이 두꺼울수록
우리는 더 따뜻해지는 것이죠.

태양 광선

온실가스

적외선

나 좀 가만히 내버려 둘 수
없을까요?!

지구는 에너지를 내보내는 만큼 다시 흡수합니다. 하지만 에너지 중 일부는 대기 중에 쌓여 지구를 따뜻하게 합니다. 지금 이 순간에도 우리의 온실가스 이불은 점점 부풀이 오르고 있으며, 지구는 더 따뜻해지고 있어요.

342 watts/m²

342 watts/m²

그렇다면 온실가스란 무엇일까요?

온실가스는 수증기(H₂O)가 60%나 차지합니다. 나머지는 26%의 이산화탄소(CO₂), 8%의 오존(O₃), 6%의 메탄(CH₄)과 다른 가스로 이루어져 있고요.

그렇다면 특히 수증기를 조절해야 할까요?

그럴 필요는 없습니다. 대기에 수증기가 가득 차면, 비가 되어 다시 땅으로 떨어지기 때문이죠. 그러는 동안에도 이산화탄소는 쌓입니다. 오늘날 우리가 만들어 내는 이산화탄소의 절반은 100년 후에도 여전히 존재할 겁니다.

어, 하지만? 지금 급증하는 건 이산화탄소만이 아닙니다…

코로나 바이러스 (SARS-CoV2)도 그렇죠!

16

네, 우리는 코로나바이러스감염증-19라는 전염병 때문에 집에 갇혀 있습니다. 0.0001mm의 바이러스가 우리 경제를 파괴하고 일상생활을 뒤엎고 있습니다.

우리는 스스로 세계의 주인이라고 생각합니다. 하지만 우리 소유권은 매우 취약합니다.

그런데 이 바이러스는 어디서 생겼을까요?

미국인의 1/3, 프랑스인의 1/3은 코로나 바이러스가 실험실에서 만들어졌다고 생각해요. 대부분 중국인 때문이라고 생각하지만, 그건 인간이 생각하는 것보다 생명력이 훨씬 더 독창적이라는 사실을 잊고 있기 때문이죠.

생명력은 결코 정적인 상태가 아닙니다. 각 개체가 각각의 환경에 적응해 가죠. 이것을 진화라고 합니다. 진화는 우리 생각보다 훨씬 더 빨리 진행될 수 있어요.

어머나!

나중에 우리 알에 무슨 일이 일어날까?

IPBES*는 수많은 유기체가 몇 년 이내에 진화할 수 있다는 사실을 발견했습니다. 예를 들어, 물고기는 남획의 영향에 대응하려고 성적으로 더 일찍 성숙합니다.

* 생물다양성과학기구

내 허벅지, 내 허벅지 어때요?

아빠, 우리도 이런 영화를 볼 나이가 되었다고요!

살충제에 내성이 생긴 모기, 제초제에 내성이 생긴 식물도 이런 상황에 해당합니다.

나를 죽이지 못하는 것은 나를 더 강하게 만들지.

이런 경향은 세대 주기가 훨씬 짧은 미생물에서 더욱 심합니다. 특히 우리를 괴롭히고 있는 코로나 바이러스가 그 예입니다.

우리 막내 코리나를 알아볼 수 있겠어요?

아니, 이 아이는 돌연변이군요!

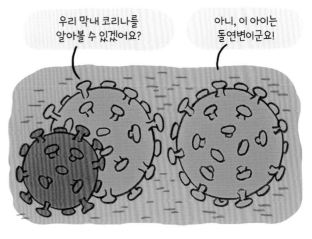

2003년 사스, 2014년 에볼라, 2020년 코로나 19 등
최근 몇 년간 창궐한 전염병은 원래 환경에서 이동해
생존을 위해 진화한 바이러스 때문에 발병했습니다.

바이러스는 살아 있는
유기체입니까?

그건 아직 확인되지
않았습니다.

바이러스가 번식하려면 숙주가 필요합니다.
에볼라와 코로나 바이러스의 숙주는 아마도 중간 숙주가 있는
박쥐일 것입니다. 에볼라 바이러스는 영장류,
코로나는 천산갑이 중간 숙주일 거고요.

인간이 숙주의 거주지와 숙주 자체를 파괴했기 때문에
바이러스가 새로운 숙주를 찾으려고 돌연변이를 일으킨 것은
너무도 당연한 일입니다.

에볼라는 1976년 이래 사망률이 60~80%로 치솟고 있으며,
2021년이 되어서야 백신과 치료법이 개발됐습니다.
하지만 코로나 19는 여전히 악화될 여지가 있습니다.

전염병이 마음껏 활개칠 수 있는 세상은
우리가 진화하는 로봇이 아니라는 사실을 가르쳐 주었습니다.
우리는 동물이나 식물, 미생물과 마찬가지로 하나의 종일 뿐입니다.

생물권은 모든 구성원이 쓸모 있는 균형 잡힌 복합 시스템입니다.
이 균형이 파괴되면 그 결과는 치명적일 수 있습니다.
생태계는 우리를 보호하지만, 자신을 방어하는 방법 또한 잘 알고 있습니다.

이 주제에 대해서는
생물학자에게 물어봅시다!

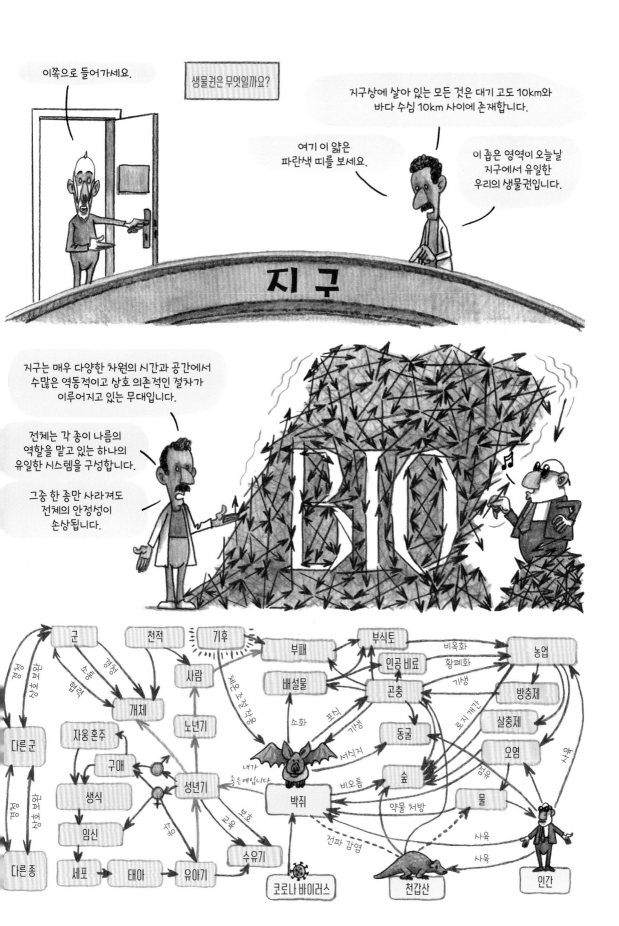

우리의 생물권에는 무엇이 있을까요?

이제까지 200만 종의 생물이 확인됐지만, 발견해야 할 생물 종이 적어도 4배 이상 남아 있습니다. 생물 다양성은 정말 놀랍습니다. 흙 한 숟가락에는 지금 지구에 사는 인간의 수보다 더 많은 유기체가 들어 있습니다.

바이오매스

탄소 450기가톤
식물

탄소 70기가톤
박테리아

탄소 12기가톤
버섯

탄소 7기가톤
고세균

탄소 46톤
원생생물

탄소 2기가톤
동물

탄소 0.06기가톤
인간 포함

그래서 인간을
덜 여리한 거야!

탄소 0.2기가톤
바이러스

* 1기가톤=10억 톤

생물권은 어떻게 움직입니까?

생명체는 에너지가 필요합니다. 에너지는 대부분 태양에서 나오는데, 식물의 광합성을 통해 화학 에너지인 탄소로 바뀝니다. 그 반대 과정은 호흡입니다.

대기의 산소, 이산화탄소, 가스는 대부분 생명체에서 만들어지고 다시 흡수됩니다. 생명체는 그들이 살아가는 데 필요한 환경, 즉 생태계를 만들죠.

빠른 흐름

충분히 느린 흐름

아주 느린 흐름

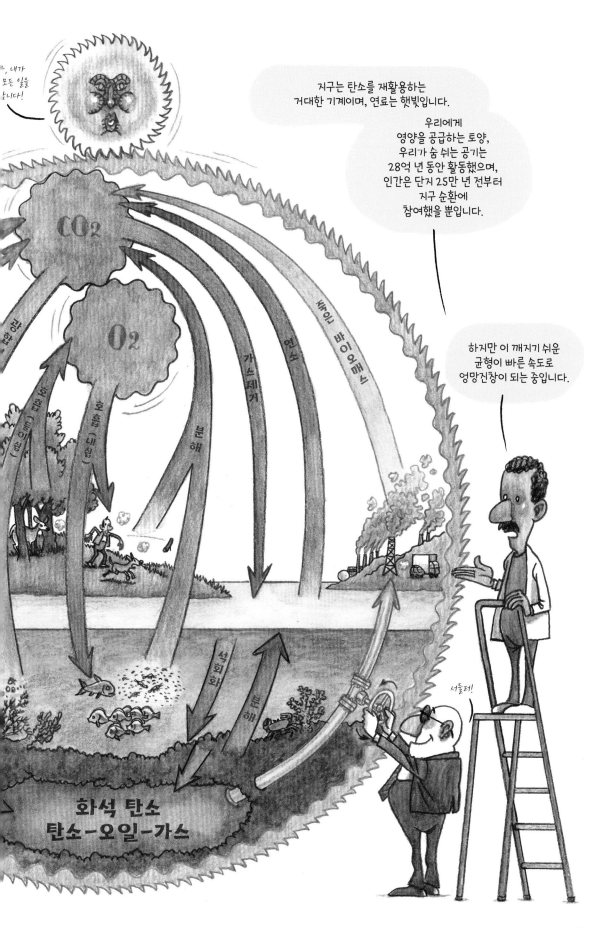

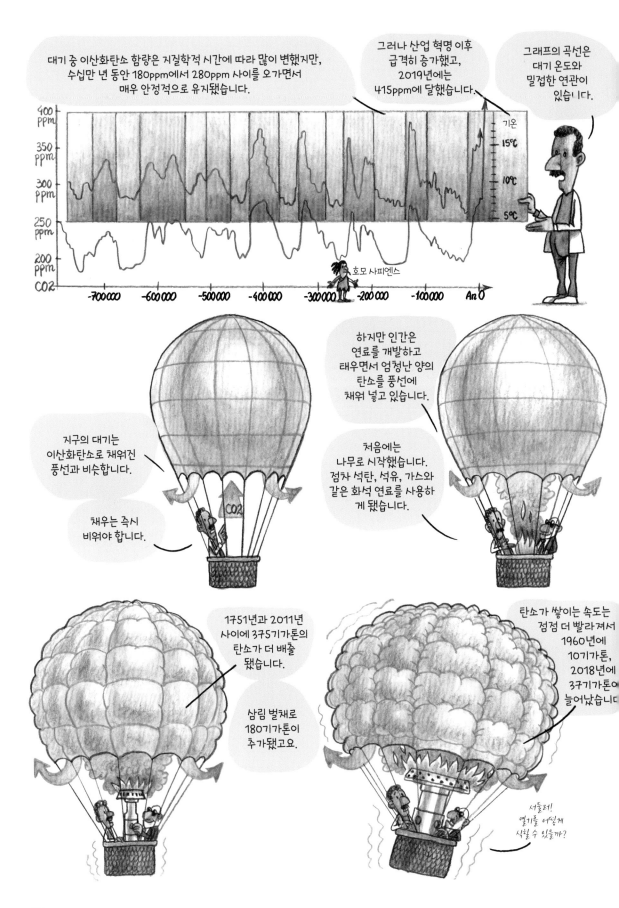

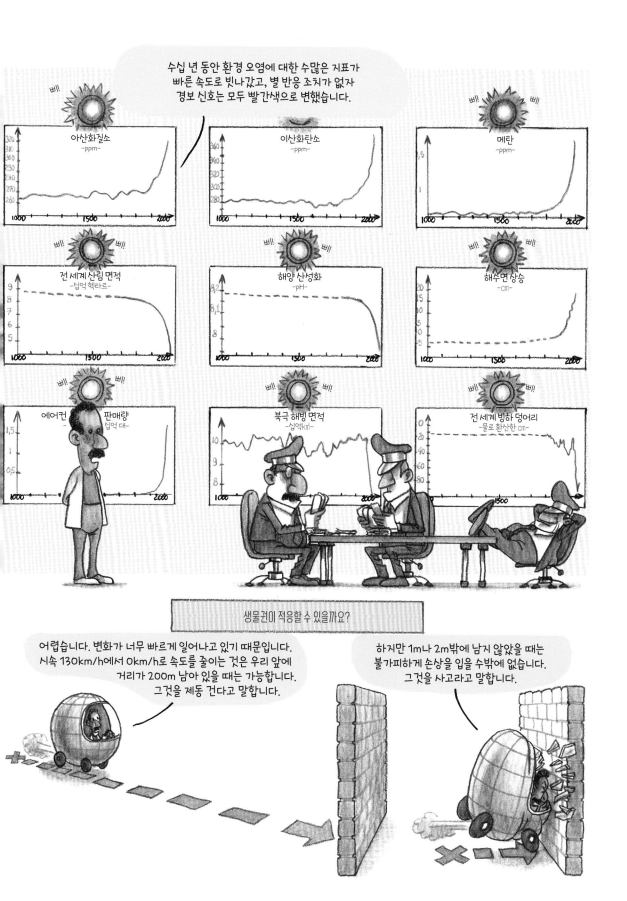

이런 현상은 더 빨라지고 있습니다. 1970년에는 지구에서 한 해 생산된 자원의 70%를, 현재는 160%를 1년 동안 사용하고 있습니다. 우리는 지구가 연간 생산하는 것의 1.6배를 소비하고 있습니다.

올해도 내가 우승했군.

그렇다면 이 상황을 어떻게 해결해야 할까요?

상황은 점점 더 복잡해지고 있습니다. 왜냐하면 우리는 생태계에 극도로 의존하고 있기 때문입니다.

땅
식물
꽃가루 매개
식량
미생물
산소
기후
광물
경작
건강
연료
저수지
쓰레기

예를 들면, 우리가 먹는 것의 1/3이 수분(受粉)에 의존하고 있습니다.

자연 속에서 모든 것은 끝없이 순환합니다. 인간은 마음대로 채집하고 쓰레기를 버림으로써 이 모든 것을 완전히 엉망진창으로 만들었습니다.

우리가 농사일에 제공하는 서비스의 가치는 1,500억 유로 정도 될 거예요.

그리고 우리는 1억 년 전부터 이 일을 했다고요.

생물권이 우리에게 얼마나 필요불가결한지 이해하려면 우주 비행사들이 생물권 밖에서 단 며칠이라도 생명을 유지하기가 얼마나 어려운지 살펴보면 됩니다. 게다가 수십억 유로의 비용까지 듭니다.

자, 당신이 지구에 갈 때 필요한 쇼핑 목록을 만들었어요. 쓰레기통과 화장지도 잊지 마세요!

코로나 바이러스로 지구 상황이 나아지지 않고 있네요! 그들은 왜 제때 조치하지 않는 것일까요?!

나는 이 바이러스를 우리 정부가
예측하지 못했다는 사실에
매우 놀랐습니다.

코로나 19는 기후 변화의 위기를 잘 보여 주고 있습니다.
우리는 이미 경고를 받았지만, 믿지 않았습니다. 전염병이 나타나기 시작했을
때 우리는 준비돼 있지 않았죠.

우리가 제때 간단한 일을 했다면(전염성 질병이라는
사실을 감지하고 모임을 피하고 소독용 젤과 마스크를 구입하는 일),
상황은 지금보다 훨씬 더 나았을 겁니다.

건강을 지키기 위한
방법?

아, 마법의 방법은
없습니다.

그런데 우리가 왜 믿지 않았던 것일까요?

심리적인 메커니즘이 문제였습니다. 나쁜 소식을 믿고 싶지 않았던 거죠.
그리스 신화에서 미래를 예언하는 능력이 있었지만
그 누구도 믿어 주지 않았던 카산드라처럼 말입니다.

신자유주의로 생태계가
파괴될 거예요.

흥! 이 여자가
무슨 말을 하는지 하나도
모르겠군.

예전처럼 행동하면서 지금 필요한 조치를 하는 것보다,
내일 일은 내일 걱정하는 것을 선택하는 편이 훨씬 더 쉽습니다.

경고! 경고!

조용히 해!
세상 사람이
다 놀라겠어!

첫 번째 반응은 늘 거부입니다.
특히 재선을 앞두고 선거가 바이러스의 출현보다
더 중요한 정치인의 경우는 더욱 그렇습니다.

상황이 점점
걱정스러워지고
있습니다.

내 선거가 바이러스의
영향을 받을 수도
있을 것 같아서
말입니다.

바이러스는 중국인만의 문제이며,
우리에게 아무런 해도
입히지 않을 거로 생각했습니다.

우리는 다른 사람들과 다르다고,
심지어 우월하다고 느끼는 데
익숙해져 있었던 거죠.

바이러스는 인간과 달리 종교나 피부색에 따라
사람들을 구분하지는 않지만, 가장 가난한 사람에게
더 큰 타격을 입힐 것입니다.
가난한 사람들은 덜 보호받기 때문이죠.

아, 됐어요! 그건
당신들의 문제예요!

16세기 영국 시인 존 던의
〈인간은 섬이 아니다〉라는 시를 아십니까?

… 어떤 이의 죽음이든 나를 줄어들게 한다.
나는 인류와 연관돼 있기 때문이다. 그러므로
누구의 죽음을 알리기 위해 종이 울렸는지
알아 오라고 사람을 보내지 마라.
그것은 당신의 죽음을 알리는
종소리니까…

현재 이것은 단순한 시가 아닙니다. 말 그대로 사실입니다. 즉 우한에서
중국인 한 명이 죽었다면, 그것은 나에게 나쁜 소식입니다. 그 바이러스가
치명적이며 나에게 도달할 수 있다는 뜻이니까요.

착오가 있는 것 같군요.
나는 중국인이
아닙니다.

바이러스는 기후 문제와 마찬가지로
전 세계적인 차원에서
단결해 대처해야 합니다.

또 다른 공통점이 있는데,
그것은 특히 남반구에
영향을 끼칠 위험이 있다는 점입니다.

네, 맞아요. 노숙하며 하루 벌어서 하루 먹고 사는 사람들이
어떻게 자가격리를 할 거라고 기대할 수 있을까요?

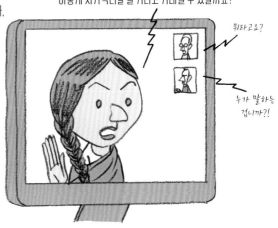

뭐라고요?

누가 말하는
겁니까?!

저는 방글라데시에 사는 아샤라고 해요. 제가 같이 얘기해도 될까요?
바이러스로 인한 이 생물학적 위기는
우리 운명이 서로 연결돼 있음을 증명합니다.

이 위기로 우리는 필요하면 스스로 습관을 바꿀 수 있다는 사실도
알게 됐죠. 위기에 직면해서야
생활과 소비하는 방식을 바꿀 수 있었죠.
흔히 '대안이 없다'라고 말하지만, 그것도 믿을 수 없어요.

우리나라는 이미 태풍, 폭풍, 홍수 같은
기후 변화의 영향력을 경험하고 있습니다.

기후 변화는 앞으로 더욱 심각해질 거라는 사실을
우리는 잘 알고 있어요. 2050년에 우리나라는 영토의 20%를 잃고
기후 난민은 5천만 명에 달할 겁니다.

국경을
넘지 마시오!

그럼 어디로
가야 하죠?

이런 문제에 어떻게 대응할 수 있을까요?!
어떻게 하면 피해당하지 않을까요?!
세계적인 여론을 시급히 바꿔야만 합니다.

당신 나라로 돌아가시오!
당신 나라 기후 문제는
당신들이 해결하세요!

우리가 하려는 것이 바로 그런 것들입니다.
그렇다면 기후학자들의 이야기를 한번 들어봅시다.

기후학자로서 당신이 어떤 일을 하고 있는지 설명해 주실 수 있나요?

물론이죠. 나는 IPCC*와 협력해 기후 변화의 위험을 전 세계에 알리고 사람들의 경각심을 일깨워 주는 일을 하고 있어요.

* 세계기상기구

당신 이전에는 아무도 그런 일을 하지 않았습니까?

네, 맞아요. 그 유명한 메도즈 연구서 《성장의 한계》는 1972년부터 전 세계가 경제 및 인구 붕괴를 향해 나아가고 있다고 결론지었습니다.

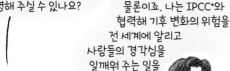

다신 그림은 좀 어둡군.

1988년에 UN은 기후 변화와 그로 인한 예상 가능한 결과에 관한 과학적이고 객관적인 정보를 제공하려고 IPCC를 만들었습니다.

IPCC는 기후 연구소인가요?

아닙니다, IPCC는 전 세계 연구자 수천 명의 연구 결과를 수집하고 비교해 모든 국가로부터 승인받을 최종 보고서를 만드는 국제 협의체입니다.

호호, 밝은 미래가 보이는군요.

음, 다른 의견을 듣고 싶군요.

지구 온난화에 대한 구체적인 첫 번째 효과가 바로 이것입니다. 두뇌를 가동하기 시작한 거죠.

따라서 IPCC 보고서는 정치적, 과학적 합의를 나타냅니다. 1990년 첫 번째 보고서부터 2014년 마지막 보고서, 2022년 발표될 다섯 번째 보고서가 있습니다. 이 보고서들은 점점 더 걱정스러운 미래를 보여 주고 있습니다.

결론은 항상 똑같습니다. 지금부터 세기말까지 행동할 시간이 줄어들고 있어요. 지구 온난화 정도에 따라 취해야 할 조치는 점점 더 과감해져야 합니다.

조금 차가워지겠죠?!

이미 그렇게 되고 있어요.

우리가 제동을 걸면 어떻게 될까요?

29

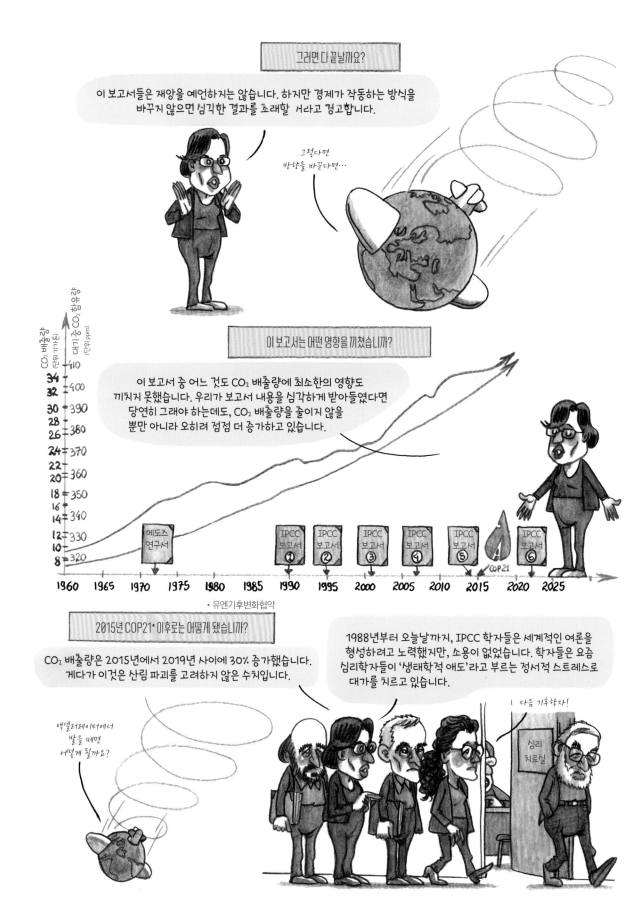

그러면 다 끝날까요?

이 보고서들은 재앙을 예언하지는 않습니다. 하지만 경제가 작동하는 방식을 바꾸지 않으면 심각한 결과를 초래할 거라고 경고합니다.

그렇다면 방향을 바꾼다면…

이 보고서는 어떤 영향을 끼쳤습니까?

이 보고서 중 어느 것도 CO_2 배출량에 최소한의 영향도 끼치지 못했습니다. 우리가 보고서 내용을 심각하게 받아들였다면 당연히 그래야 하는데도, CO_2 배출량을 줄이지 않을 뿐만 아니라 오히려 점점 더 증가하고 있습니다.

CO_2 배출량 (단위:기가톤)

대기 중 CO_2 함유량 (단위 ppm)

34	410
32	400
30	390
28	
26	380
24	370
22	
20	360
18	350
16	340
14	
12	330
10	
8	320

메도즈 연구서

IPCC 보고서 ①
IPCC 보고서 ②
IPCC 보고서 ③
IPCC 보고서 ④
IPCC 보고서 ⑤
COP21
IPCC 보고서 ⑥

1960 1965 1970 1975 1980 1985 1990 1995 2000 2005 2010 2015 2020 2025

* 유엔기후변화협약

2015년 COP21* 이후로는 어떻게 됐습니까?

CO_2 배출량은 2015년에서 2019년 사이에 30% 증가했습니다. 게다가 이것은 산림 파괴를 고려하지 않은 수치입니다.

액셀러레이터에서 발을 뗄 때면 어떻게 될까요?

1988년부터 오늘날까지, IPCC 학자들은 세계적인 여론을 형성하려고 노력했지만, 소용이 없었습니다. 학자들은 요즘 심리학자들이 '생태학적 애도'라고 부르는 정서적 스트레스로 대가를 치르고 있습니다.

↑ 다음 기후학자!

심리 치료실

산호초를 연구하는 생물학자가 대표적입니다.
산호초는 지구상에서 가장 풍부한 생태계로,
약 4억 명의 사람들이 이 암초에 식량을 의존하고 있습니다.
그러나 지금 속도라면 2070년까지 산호초는
완전히 사라질 것입니다.

지구 온난화와의 연관성은 완벽하게 분석됐습니다.
학술 논문이 연이어 발표됐고, 이미 재앙도 일어났습니다.
2016년에 호주 그레이트 배리어 리프*의
절반이 사라졌습니다.

그렇다면 이 논문들은 왜 설득력을 얻지 못했을까요?

변화 대신 '평소와 다를 바 없이 행동하기'를
원하는 사람들이 더 많기 때문입니다.

불확실하다는 주장도 있습니다.

이러한 논증 방식은 담배에 대한 입법을 연기하는 데도
사용됐습니다. 제조업체는 흡연과 폐암 간의 상관관계가
이미 밝혀졌는데도, 수년 동안 새로운 연구 결과를 요구했습니다.

담배 제조업체는 담배와 폐암에 취약한 특정 유전자가
있다는 식의 불가능한 이론을 제시하면서 흡연이 폐암의 원인이
아니라고 주장했습니다.

* 오스트레일리아 북동 해안을 따라 발달한 세계 최대의 산호초. 면적 20만 7천㎢, 길이 약 2천㎞, 너비 약 500~2천m에 달한다.

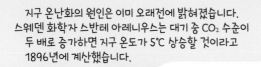

예를 들어, 정확히 2044년 구월 2일의
날씨를 알아보려면,
오늘의 대기와 해양 상태를
더할 나위 없이 정확하게
알아야만 합니다.

이것은 기상학자 에드워드 로렌츠가 말한
'나비 효과'입니다. 나비의 작은 날갯짓이
결국 거대한 토네이도를
일으킬 수 있다는 이론이죠.

아 네.

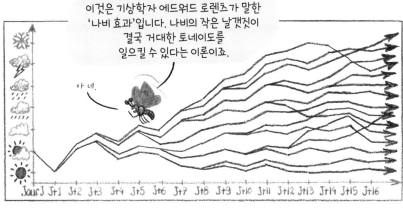

하지만 나비 효과는 별로 중요하지 않아요. 그건 어디에나
존재하고, 인간은 완벽하게 적응했으니까요. 예를 들면,
주사위는 손의 움직임에 매우 민감해서 단 한 번으로는
결과를 예측할 수
없습니다. 하지만
우리는 여러 번 던져서
통계 내는 방법을
알아냈습니다.

그렇다면 네가 524번 던져서
6이 나온 건 358번이로군!

아! 또 6이군!

작은 말을 가지고
속임수를 쓰는 건 정말 싫어!

기후학자들이 하는 일이 바로 이것입니다. 변수를 바꿔 가면서
슬롯머신 레버를 여러 번 당깁니다. 그리고 목숨을 건
도박을 하고 있다고 우리에게 경고했습니다.

해 봐도 될까요?

물론이죠! 당신이 건 돈을 되찾을 확률은 1/10이고
아주아주 나빠질 확률은 9/10입니다.

아…
어쩌면 안 그럴 수도…

바람, 구름, 기류로 방정식으로 만들 수는 있지만, 인간 본성을 예측할 수는 없습니다. 앞으로의 기후는 미래에 배출할 온실가스의 양에 달려 있습니다. 그건 시민, 기업, 국가의 결정에 달려 있고요. 우리는 2022년에 온실가스 배출을 멈출 것이라고 상상할 수는 있습니다.

이 시나리오가 정말 맘에 드는군요.

우리는 되돌아가서는 안 됩니다. 공기 중 CO_2 함량은 지금부터 2100년까지 전혀 줄어들지 않을 것입니다.

아… 하지만…

$400ppm$의 CO_2

우리는 전의를 상실하고 방출 그래프를 더 길게 만들 수도 있습니다. 이게 바로 BAU*라고 하는 것입니다.

네, 더 간단하게 정리해 봅시다.

IPCC 예측에 따르면, 1850년과 비교해 3.2℃에서 5.4℃ 정도 온도가 상승할 것이라고 합니다.

★ 끔찍하군! ★

$1200ppm$ CO_2

두 시나리오 사이에는 많은 시나리오가 있습니다. IPCC는 그중 네 가지를 채택했습니다. 가장 낙관적인 시나리오만이 온도 상승을 1.6℃에서 2.3℃ 사이로 유지해 파리 협정을 지킬 수 있다고 합니다.

이 시나리오들은 온난화를 똑같이 예측하지 않습니다. 전체적으로 가장 따뜻해지는 지역은 북극입니다. BAU를 고수할 경우 10℃ 내지 13℃까지 상승할 것입니다. 우리는 이미 그것을 경험하고 있습니다.

기후 용어로서의 Business As Usaul, 온실가스 감축 노력을 특별히 하지 않을 때 배출될 것으로 예상하는 미래 온실가스 배출 전망치

북극 온도가 이처럼 빠르게 상승하면 빙하가 녹는 문제가 생깁니다. 빙하가 녹는다고 해서 해수면이 상승하지는 않을 것입니다.

그보다는 빙하가 녹으면서 바다의 면적이 넓어지고, 바다의 어두운 표면이 빙하의 흰 표면을 대체해 태양 광선을 덜 반사하죠. 따라서 지구에 더 많은 열을 가두어둘 것입니다.

이런! 얼음 조각이 녹는다고 해서 내 술이 더 많아지는 않는군!

단지 기온만 변하는 것일까요?

아뇨. 강수량도 달라질 겁니다. 강수량은 공기 중 포화 수증기량에 좌우되므로 강수량 분포도 달라질 것입니다.

남아시아의 모든 농사를 좌우하는 몬순이 중단될 것입니다. 극지방과 적도에 더 많은 비가 내리고 다른 곳에서는 더 적은 비가 내리는 등 지역 차이가 벌어질 것입니다.

UN에 따르면 5년 이내에 전 세계 인구의 2/3가 물 부족 상황에 부닥칠 것이라는군요.

내 사랑, 이미 축축한데 매일 비가 와!

그렇다면 프랑스는 어떻게 될까요?

프랑스 기후는 다양한 기상 이변을 겪으며 더 덥고 더 건조해질 것입니다. 다음은 IPCC가 2100년 BAU를 예측한 자료입니다.

이런! 물도 없고 얼음도 없는 술이라니, 이건 술이 아니야, 빌어먹을!

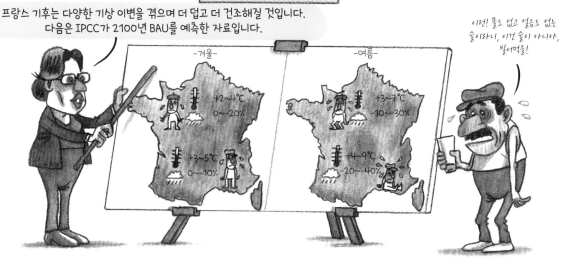

사람들에게 어떻게 동기 부여를 하고 반응하게 할지 궁금합니다.

어쩌면 이 코로나 바이러스…

과학 저널이나 주요 언론에 '코로나 19는 경고 신호입니다'라는 주제의 기사가 몇 개나 되는지 눈여겨본 적 있습니까?

이건 무슨 의미일까?

경고 신호들은 세계에 발생한 전염병의 75%가 야생 동물과 그들의 비오톱*을 파괴한 데서 비롯된 것임을 상기시킵니다.

* 생물 종의 공동 서식 장소

코로나 19는 일종의 협박입니다. 문명은 불장난을 하고 있어요.

코로나 19는 '자연이 보내는 SOS 신호'입니다. 지구 자원은 유한하며 우리는 거기에 만족해야 한다는 신호입니다.

잉거 안데르센
유엔환경계획
사무총장

파르타 다스굽타
케임브리지 대학교
경제학 교수

물론 모든 동식물을 완전히 없애버리는 것을 상상할 수도 있습니다. 과연 천국일까요!

이것은 안데르센과 다스굽타가 비난하는 경제학적 착각입니다. 우리는 자연과 나란히 사는 것이 아니라, 자연의 일부이며 자연에 의존하고 있습니다. 우리는 바이러스, 박테리아, 기생충이 박쥐만큼 접근하기 쉬운 먹잇감이기도 합니다.

당신은 여기 있습니다

인간은 스스로 모든 것을 할 수 있고 상처 입지 않으며 자기 운명을 완전히 통제할 수 있다고 믿는다고 합니다.

그 이유는 임계 효과를 생각하지 못하기 때문입니다.

변화가 서서히 이루어질 것이고, 언제라도 되돌아갈 수 있다고 믿는 것이죠. 그것은 사실이 아닙니다. 변화는 갑자기 결정적으로 찾아올 겁니다.

겁내지 마세요! 내가 해결할 수 있습니다.

코로나 19가 좋은 예입니다. 변화는 급격하게 이루어지고 있습니다. 우리는 코로나 19가 없던 인류에서 코로나 19와 함께하는 인류로 돌변할 것입니다. 되돌릴 수 없습니다. 이전과 이후가 있을 뿐입니다.

코로나 바이러스를 해결하더라도, 자연에는 또 다른 많은 바이러스가 있을 수 있습니다. 우리는 경제와 사회를 근본적으로 변화시켜야 합니다.

?!

이 주제와 관련해 내가 르네 톰에 대해 말했던가요?

아니요.

이 위대한 수학자는 내 스승 중 한 분입니다. 나는 그를 몹시 존경하고 사랑합니다.

르네 톰은 1970년대에 카타스트로피 이론으로 유명해졌습니다.

전 세계 수많은 학자가 재앙을 예측하고 있는 이런 상황에서도, 그것이 가능하다면 누군가는 꿈을 꾸는 것이 바람직하지 않을까요?

카타스트로피 이론

우리는 재난 시스템을
구축했습니다.

나는 재해가 일어나는 과정을
잘 알고 있습니다.

나는 내 책 《계산, 예상치 못한 결과》에서
카타스트로피 이론을 언급한 적이 있습니다.
르네 톰의 설명을 더 들어보도록 하죠.

카타스트로피 이론은
임계 효과를 설명하는 단순하면서 깊이 있는
수학 이론입니다. 인류를 예로 들어봅시다.

우리는 인류라는 이 공을 평형 상태에 안정적으로 놓습니다.
아무리 흔들려도 공은 늘 제자리로 돌아가겠죠?
기후는 이처럼 안정적인 평형 상태입니다.

이제 인류에 작용하는 힘, 즉 이 곡선의 모양을 천천히, 조금씩
변화시켜 봅시다.

인류는 아직 아무것도 모른채 안정적인 평형 상태에 있습니다.
당장 주변에서 벌어지고 있는 일만 보고 있으며,
특별한 상황에 대해서는 전혀 생각하지 않습니다.

그런데 갑자기, 아주 작은 변화가 생기면서
평형이 깨지고, 이를 대비하지 못했던 인류는
기울어지고 맙니다. 이 기울어짐이 결정적으로
작용합니다.

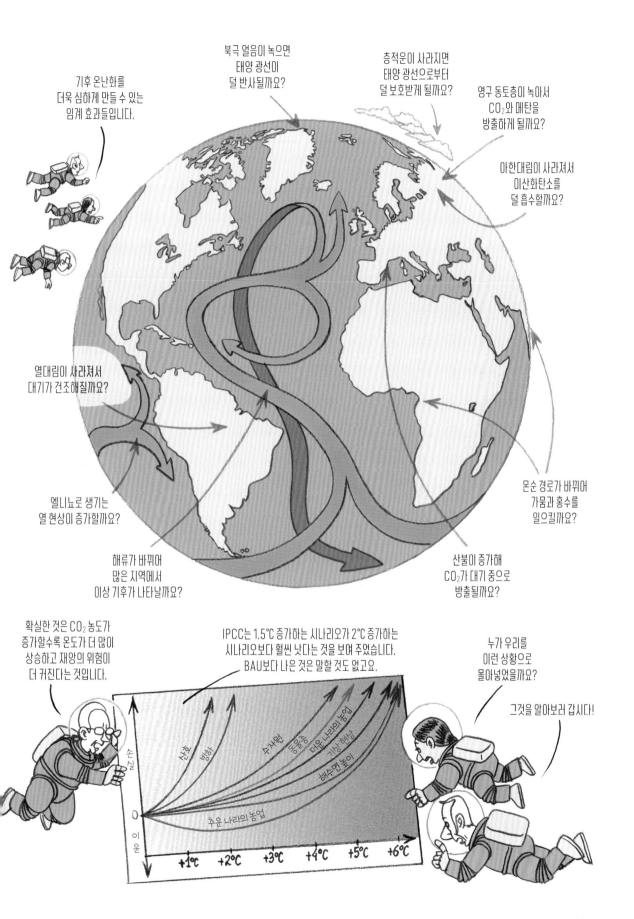

기후 온난화를
더욱 심하게 만들 수 있는
임계 효과들입니다.

북극 얼음이 녹으면
태양 광선이
덜 반사될까요?

층적운이 사라지면
태양 광선으로부터
덜 보호받게 될까요?

영구 동토층이 녹아서
CO₂와 메탄을
방출하게 될까요?

아한대림이 사라져서
이산화탄소를
덜 흡수할까요?

열대림이 사라져서
대기가 건조해질까요?

엘니뇨로 생기는
열 현상이 증가할까요?

해류가 바뀌어
많은 지역에서
이상 기후가 나타날까요?

산불이 증가해
CO₂가 대기 중으로
방출될까요?

몬순 경로가 바뀌어
가뭄과 홍수를
일으킬까요?

확실한 것은 CO₂ 농도가
증가할수록 온도가 더 많이
상승하고 재앙의 위험이
더 커진다는 것입니다.

IPCC는 1.5℃ 증가하는 시나리오가 2℃ 증가하는
시나리오보다 훨씬 낫다는 것을 보여 주었습니다.
BAU보다 나은 것은 말할 것도 없고요.

누가 우리를
이런 상황으로
몰아넣었을까요?

그것을 알아보러 갑시다!

41

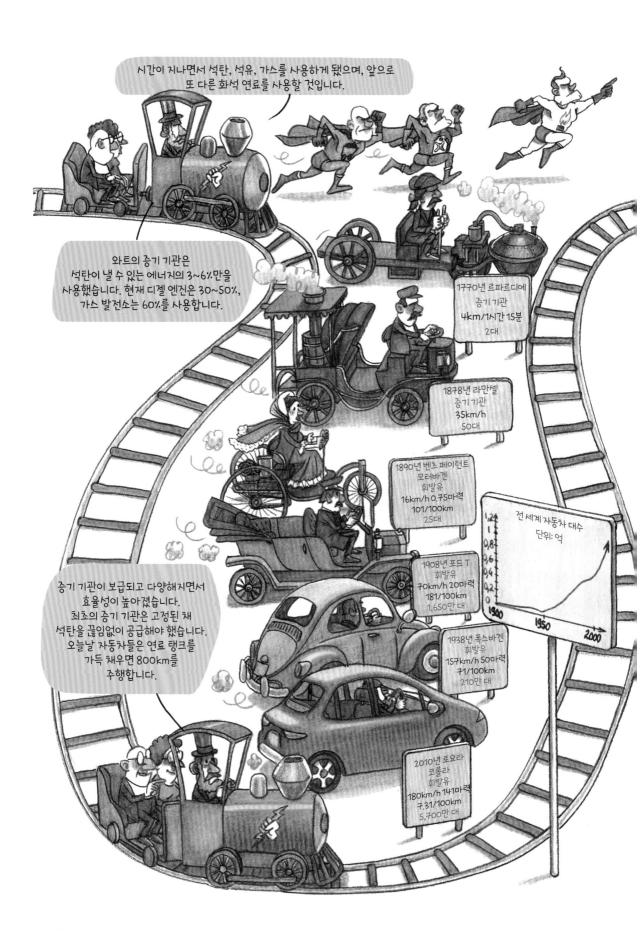

• 쥘 베른의 《80일간의 세계 일주》 주인공

이것은 인류에게 진정한 구원이었습니다! 이동이 쉽고 저렴해졌습니다. 필리어스 포그*는 기차와 보트를 이용해 80일 만에 전 세계를 여행하기도 했습니다. 처음으로 인류가 하나가 되고, 대륙이 무역로를 통해서 연결되고, 지도에 남아 있던 하얀 점들이 사라졌습니다.

아프리카를 탐험한 헨리 스탠리, 티베트에 간 데이비드 닐, 극지방의 아문센 등 탐험가의 시대가 됐습니다.

기술의 진보는 번영과 건강을 가져다주었습니다. 모든 지표가 이를 확인해 줍니다.

• GDP 국내 총생산
세계 GDP* 단위 1억 달러

1990년대 1인당 GDP 단위 달러

전 세계 산모 사망률

전 세계 유아사망률 신생아 100명당 비율

신생아 1천 명당 비율

대기 중 CO₂ 단위 PPM

전 세계 문해율

어! 그건 쳐다보지 마!

50

공공 조명이 개발된 것은 19세기에 들어서였습니다. 과거에는 개인이 들고 다니던 등불이나 몇 개의 가로등에 의지할 수밖에 없었습니다.
기름을 사용하는 가로등에 이어 가스를 사용하는 가로등이 나오면서 가로등에 불을 켜는 사람들이 등장했습니다.

브뤼셀은 1817년 최초로 가스 가로등을 사용한 도시입니다.

1850년경에 석유 가로등이 등장했고, 1878년부 모든 곳에서 전기가 필수가 됐습니다.

조명이 널리 보급되면서 효율성이 향상하고, 가격이 급격히 내려갔습니다.

소비와 효율성도 증가했습니다.

3000

루멘* 가격

1800년   2000년

1800년   루멘 소비   2000년

10와트 LED 전구

100와트 백열 전:

1천 루멘에 필요한 에너지

3세기 동안 인간이 만든 이 기발한 발명품은 태양을 대신해 밤에도 활동할 수 있게 했습니다.

고래도 구원했습니다!

우주에서 본 밤의 지구

-오늘-

＊ 빛의 밝기를 나타내는 수치로 높을수록 밝은 빛을 낸다.

54

흠, 정말 흥미로운 이야기군요!

아주 오래된 지혜가 있습니다. 누군가가 불평을 하면, 그에게 위로가 되는 아름다운 이야기를 들려주는 것이죠. 그 이야기가 그 자신의 이야기라고 믿게 만듭니다. 그러면 그는 행복하게 가던 길을 다시 갑니다.

그러나 이 이야기는 정말로 사실이며, 우리에게도 적용됩니다.

무슨 말이죠?

집단적인 관점에서 보면 그럴 수도 있겠군요.

당신에게 그림 하나를 보여 주고 싶습니다.

토머스 홉스의 《리바이어던》(1651) 표지 그림입니다. 이 그림에서 우리는 국가를 지배하는 주권의 모든 속성을 지닌 가공할 정도로 강력한 인물을 볼 수 있습니다.

이 인물의 몸은 수많은 다양한 개인으로 이루어져 있습니다. 그 개인은 바로 역사를 만들며 살아가고 있는 사람들입니다. 거대한 인물은 단지 사람들에게 겁을 주려고 만들어진 허수아비, 즉 종이 호랑이일 뿐입니다.

이것은 효과가 있었습니다! 어쩌면 우리는 지금 같은 상황 속에 있을지도 모릅니다. 1인당 GDP는 높아지고 수명은 늘어나고 있습니다. 인류는 점점 더 잘하고 있습니다!

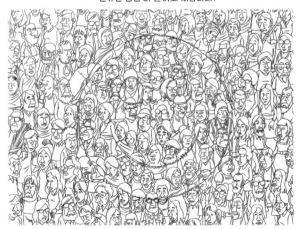

하지만 인류는 뇌가 없어서 아무것도 느끼지 못합니다. 인류는 행복하지도 불행하지도 않습니다.

직 인류를 구성하는 평범한 사람만이 행복하거나 불행할 이유가 있습니다.
광산 주인과 광부, 착취자와 피착취자 말입니다.
그리고 그들의 의견은 분명히 같지 않습니다.

2017년 옥스팜 보고서에 따르면, 가장 부유한 8명이
가장 빈곤한 36억 명, 즉 세계 인구의 절반이
소유한 만큼을 소유하고 있다고 합니다.

이 모든 수치는 평균을 내면 의미가 없어집니다.
가장 부유한 8명이 더 부유해지면, 1인당 GDP도 증가합니다.
그러면 세상 모든 사람이 행복한 것이 되니까요.

코끼리 사냥을 하는 세 명의 통계학자가 있습니다.
코끼리를 발견하자 첫 번째 통계학자가 총을 겨눕니다.

잘 진행되고 있습니다,
그렇지 않습니까!

GDP

제기랄! 오른쪽으로
1미터 치우쳤어!

두 번째 통계학자 차례입니다!

그리고 세 번째 통계학자가 결론짓습니다.

아, 왼쪽으로
1미터 치우쳤군!

탕!

완벽해, 우리가
해낸 거야!

이야기를 전달하는 방식이 이야기를 완전히 바꿀 수 있다는 것은 분명합니다.

그건 우리가 무슨 이야기를 할지 선택하는 것에 달려 있습니다.

경제학자인 내 친구는 인간의 고통 지수를 사용한다면 GDP를 사용할 때와는 상당히 다른 이야기를 하게 될 것이라고 말했습니다.

그들은 행복하게 살았고, 그 후로 끝없이 성장했습니다.

고통은 훌륭한 성장 동력이기 때문입니다. 기술이 진보하면서 서로를 멸종시키는 기술만큼 혜택을 많이 받은 분야는 없습니다. 하지만 우리는 그것을 노골적으로 언급하고 싶어 하지 않습니다.

성장의 어두운 면에서 나와 함께 하자꾸나, 젊은 리베라완!

1813년, 나폴레옹 시대의 가장 큰 전투인 라이프치히 전투가 벌어졌습니다. 여기서 프랑스군은 1,500발의 대포를 발사했습니다.

굉장하지 않습니까?

100년 후인 제1차 세계 대전 동안 하루에 20만 발, 모두 합쳐 3억 발을 발사했습니다.

못 들었어요.

또다시 30년이 지난 후 30만 명이 살고 있는 도시를 파괴하는 데는 폭탄 하나로 충분했습니다.

날 웃기고 싶은 거지!

그리고 그 결과는 20세기 들어 처음으로 전사자가 수백만 명에 이르게 되었다는 것입니다.

그러나 전쟁으로 인한 죽음은 우리가 들은 아름다운 이야기와 모순됩니다.

서둘러!

음, 이것도 통계에서 사라지고 있습니다. 제2차 세계 대전에서 죽은 6천만 명은 전 세계 인구의 2.5%에 불과합니다.

아, 왼쪽으로 1미터 치우쳤군!

코로나 19도 마찬가지입니다. 내가 말하고 있는 이 시점(2020년 11월 11일)에 세계 인구의 0.02% 미만인 130만 명이 목숨을 잃었습니다.

코로나든 코로나가 아니든 말이야.

이 그림을 보면, 국제 교류가 중단되고 사람들이 집에 갇혀 있는 모습을 상상할 수 있습니다. 하지만 전체적인 수치를 조심해야 합니다.

2018년에 미국 경제학자 윌리엄 노드하우스는 노벨 경제학상으로 알려진 스웨덴 은행상을 받았습니다.

그는 왜 이 상을 받았을까요?

나는 2100년까지 3.5℃의 기온 상승이 가장 적절하다는 것을 증명했습니다.

뭐라고요?!

맞습니다. 이것은 온난화를 제한하는 데 드는 비용을 고려해 1인당 GNP*를 극대화할 수 있는 수치입니다.

* 국민 총생산

1인당 GNP

비용

0℃ +1℃ +2℃ +3℃ +4℃ +5℃

생태 재앙으로 생기는 피해가 심각하지 않다는 건가요?

우리는 다른 세상에 사는군요!

GDP 성장이 가장 우선 아닌가요?

61

몇몇 지식인은 이 분야에 놀라울 정도로 관심이 없습니다.

코지프스키가 누구죠?

지도는 영토가 아니라고 코지프스키는 말했습니다.

알프레드 코지프스키는 일반 의미론을 창시해 전성기를 누렸지만, 지금은 완전히 잊힌 철학자입니다. 그는 제1차 세계 대전 당시 장교였습니다.

완벽해!

그렇다면 우리는 이쪽에서 기병을 공격해야겠군요.

안타깝게도 기병대는 지도에 표시되지 않은 구덩이에 떨어져 죽었습니다.

도대체 왜 표시하지 않았던 겁니까?!

어쩌면 구덩이가 작았을 수 있습니다. 지면의 모든 사고 현장을 다 표시할 수는 없으니까요.

우리가 겪고 있는 건강 위기도 이와 비슷합니다. 전 세계 인구의 0.02%가 줄어든다고 해서 크게 눈에 띄지는 않을 것입니다.

코로나가 있는 경우
코로나가 없는 경우

선 두께가 재앙을 숨길 수도 있습니다. 현장에 나가서 무슨 일이 일어나는지 보는 것보다 더 좋은 해결책은 없을 겁니다.

예를 들어, '에너지의 위대한 여정'이 어떻게 끝나는지 보십시오.
우리는 달 혹은 다른 행성을 정복하려고 지구를 떠납니다.
하지만 누가 달에 가서 살까요?
아니, 누가 달에 가서 살고 싶어 할까요?

다시 달 이야기를 합시다.
이번에는 달에
머무르는 것으로요.

2018년 5월 선언

제프 베조스가
분명해요.

그냥 그곳에 계속
있으세요, 네!

세계에서 가장 부자인 제프 베조스는 자기 야망을 실현하려고
수십억 달러를 투자하고 있습니다.
실리콘 밸리 전체가 그 뒤를 따르고 있고요.

이쯤에서 내 친구 블레즈 오숨브를 소개하겠습니다.
블레즈는 파리 도핀 대학에서 수위를 하다 은퇴한 후 콩고로 돌아가
학교를 설립했습니다.
제프 베조스처럼 달에 가고 싶은가, 블레즈?

그래야 할 것 같군!

오앙!
나도 저렇게
큰 로켓을
가지고 싶어요!
오앙!

오앙!
오앙!
오앙!

이곳은 코로나 19 때문에 도로가 파손되고 더는 항공도 운항하지 않아요.
에너지 자원이 끔찍하게 소모되고 있는 것은 말할 것도 없습니다.
주민에게는 숲밖에 없는데, 이미 삼림 벌채가 만연해 있습니다.

그러니 차라리 달에 가는 것이…

자, 나는 토고에 있는 친구 실뱅 소소에게 편지를 받았습니다.
실뱅도 이 문제가 주요 관심사인 것 같지 않습니다.

여기서 우리는
지구 온난화의 결과를
직접 경험하고 있습니다.

기온이 상승할 뿐만 아니라 완전히 교란됐습니다. 우기가 변했고, 비가 더 드물게 오면서 폭우가 쏟아지곤 합니다. 지구상에서 가장 가난한 국가 중 하나인 우리나라 사람들은 대부분 비에 영향을 받는 농업에 의존하고 있습니다.

이곳 토고의 수도 로메는 해수면이 높아지면서 해안선이 바닷물에 잠기고 해안 도로가 사라지고 있습니다. 우리는 단지 우리 조상이 처음부터 살았던 땅에서 살고 싶을 뿐입니다.

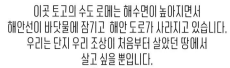

바로 그겁니다! 우리와 제프 베조스의 공통점은 무엇일까요? 우리는 다른 행성에 가서 살고 싶지 않다는 겁니다. 지구를 훼손시키지 않고 함께 살고 싶습니다.

우리는 새로운 시대의 카우보이가 돼서 새로운 땅을 약탈하고 정복할 꿈을 꾸는 게 아닙니다.

서부로 갑시다, 젊은이들이여! 모두 서부로!!

우리는 두 갈래 길 앞에 서 있습니다. 어떤 미래를 원하나요? 아마도 진보는 멈추지 않을 것이지만 우리는 진보의 방향을 정할 수 있어야 합니다.

물론이죠! 미래는 정해진 것이 아니라 선택의 결과입니다. 이것이 역사가 우리에게 가르쳐준 것입니다.

그걸 알아보러 갑시다!

"근대성은 철학자들이 말하는 위엄 있고 준엄하며 영적인 운동이 아닙니다. 그와 반대로 사소한 타격, 강요된 상황, 표준화된 예외의 합이라고 생각할 수 있습니다." 이 말을 한 장 밥티스트 프레조는 프랑스 국립과학연구센터(CNRS) 소속 역사가이자 연구원입니다.

그를 소개하겠습니다.

역사

우리는 왜, 어떻게 지구 온난화에 이르게 된 선택을 했을까요?

우리는 인류세에서 두 가지 주요 시기를 확인할 수 있습니다. 첫 번째 시기는 업 혁명에서 제2차 세계 대전까지입니다. 1만 년 동안 대기에 약 280ppm이었던 CO_2는 2세기에 걸쳐 서서히 증가해 310ppm이 됐습니다. 10%나 증가한 겁니다.

두 번째 시기인 1950년부터 현재까지 70년 동안 410ppm, 30%나 증가했습니다. 역사가들은 이것을 '위대한 가속도'라고 부릅니다.

이 두 시기는 서로 다른 경제 및 사회 정치 시스템을 바탕으로 합니다. 첫 번째 시기에 세계는 영국을 중심으로 돌아갔으며, 그 시스템은 석탄을 기반으로 했습니다.

영국은 운이 좋게도 항구 근처에 탄광이 있었습니다. 이런 우연한 이점은 증기 기관의 발명 덕분에 주도권을 장악하는 도구가 됐습니다.

우리는 이 새로운 시대를 영국세라고 부를 것입니다.

저는 석탄 덕분에 폐하께서 세계적인 영광을 누릴 것이라고 생각합니다. 아무튼 셰익스피어 다음으로 말입니다. 그리고 뉴턴… 레이디 D… 비틀즈… 미스터 빈 다음으로…

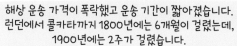

해상 운송 가격이 폭락했고 운송 기간이 짧아졌습니다. 런던에서 콜카타까지 1800년에는 6개월이 걸렸는데, 1900년에는 2주가 걸렸습니다.

덕분에 선박이 수출을 위해 석탄을 싣고 영국 항구를 떠나서 다시 원자재를 싣고 돌아올 수 있는 시스템이 만들어졌습니다.

원자재는 영국 공장에서 가공해 완제품 형태로 원산지로 돌아갔습니다. 원산지는 이렇게 영국 산업의 판로가 됐습니다. 각 국가의 수요에 따라 영국은 과도하게 팽창하게 됐습니다.

1900년이 되자 영국과 미국은 1800년 이후 CO_2 누적 배출량의 60%를 차지했습니다. 이는 논리적 필요에 따른 결과가 아니라, 식민 제국 건설을 포함한 정치적 선택에서 비롯된 겁니다.

이 시스템은 인기가 있었고, 모방하는 나라들이 생겼습니다. 모든 유럽 국가가 자기 권력에 걸맞은 식민지 제국을 원했습니다.

우리보다 피부색이 조금 더 어둡거나 코가 좀 더 납작한 사람들의 영토를 정복하는 것은 그리 유쾌한 일이 아닙니다.

이런 기분에서 벗어날 수 있게 해 준 것은 정복을 정당화하는 가식적인 감상이 아니라 하나의 아이디어, 이 아이디어에 대한 아낌없는 믿음이었습니다. 우리는 믿음을 만들고, 그것을 경배하고 재물을 바쳤습니다.

진보

이 시대를 이끄는 것은 진보입니다. 미국은 '명백한 운명'이라는 명분을 내세워 인디언이나 멕시코 부족을 희생시키고 자신들의 팽창주의를 정당화했습니다.

영국 작가 키플링은 '백인의 짐'이라고 표현했습니다. 무지한 사람들의 행복(안녕)을 돌보는 것을 두고 말이죠.

우리의 신성한 임무는 문명을 전파하는 것입니다.

인정사정 볼 것 없어요!

정말 감사할 일이 아닙니까!

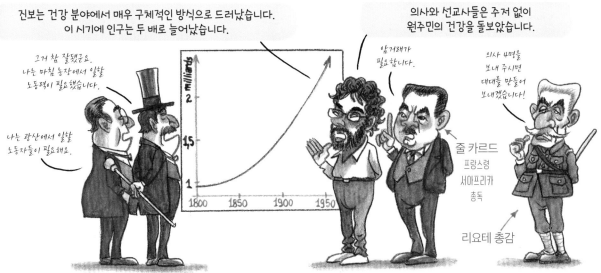

진보는 건강 분야에서 매우 구체적인 방식으로 드러났습니다. 이 시기에 인구는 두 배로 늘어났습니다.

의사와 선교사들은 주저 없이 원주민의 건강을 돌보았습니다.

그거 참 잘됐군요. 나는 마침 농장에서 일할 노동력이 필요했습니다.

나는 광산에서 일할 노동자들이 필요해요.

암거래가 필요합니다.

의사 4명을 보내 주시면 대대를 만들어 보내겠습니다!

줄 카르드
프랑스령 서아프리카 총독

리요테 총감

제2차 세계 대전은 한 시기의 끝이자
훨씬 빠르게 진행되는 시기의 시작이었습니다.

이런 현상은 왜 가속화됐을까요?

다시 말하지만,
운명이 아니라 두 세계 대전이
큰 역할을 한 정치적 결정 때문이었습니다. 평화가 돌아왔을 때, 적을 전멸하기
위해서 생긴 새로운 산업의 판로를 다시
찾아야만 했으니까요.

-전 세계 CO₂ 누적 배출량-

14%

36%

50%

불쌍한 것!
나는 절대로 너를
버리지 않을 거야.

1750   1950 1931 2019

예를 들면?

미국이 원자 폭탄을 만들지 않았다면
원자력 발전소도 없었을 것입니다.

농업도 전쟁으로부터 혜택을 받았습니다.
세계 대전 이후 전투용 가스는 살충제로 재활용됐습니다.

지금은
죽음의 세기입니다!

공중전을 위해 만들었던 복엽기는 살충제를 뿌리는 데
사용됐습니다. 모든 것이 재사용됐습니다!

도망갈 수도 없이
죽음을 맞이해야 할
상황입니다.

인간 대 인간의 전쟁은 자연스럽게 인간 대 자연의
전쟁으로 바뀌었습니다.

인간과 곤충의 투쟁은
문명 이전에 시작됐고
휴전 없이 계속되고 있으며,
인류가 승리할 때까지
계속될 것입니다.

스티븐 A. 포브스
1915년, 미국의 위대한
생태학자

폭발물 산업도 예외는 아닙니다. 전쟁 산업의 재활용에 상징적인 인물이 독일 화학자 프리츠 하버입니다.

1915년 독일군이 성공적으로 사용했던 염소가스를 개발한 사람은 바로 저였습니다.

저는 제1차 세계 대전 동안 산업 전반을 탄생시킨 폭발물 제조의 필수 원료인 암모니아 합성 연구로 1918년에 노벨 화학상을 받았습니다.

아, 전쟁, 굉장한 효과인데!

평화가 돌아왔을 때는 암모니아 합성 기술로 질소 비료를 만들었습니다.

바로 이거야!

1960년대에 이러한 농업 기술을 제3 세계 국가로 수출했고, 시장은 녹색 혁명으로 폭발적으로 성장했습니다. 50년 동안 비료 소비가 6배나 증가했습니다!

그러나 곡물 생산량은 3배 늘었을 뿐입니다.

비료 3천만 톤

곡물 8억 톤

1960년

비료 1억 8천만 톤

곡물 23억 톤

2010년

그것은 에너지 효율이 낮아졌기 때문입니다! 통 방식의 농업은 자연의 순환을 이용하고 토양을 비옥하게 하지만, 화학 비료를 이용하는 방식의 농업은 자연의 순환을 파괴합니다.

그 결과 투자한 각 에너지(노동 및 비료)에 비해 수확량은 점점 더 줄어들고 있습니다.

투자한 에너지 열량 대비 수확한 식료품 열량

1,260만 톤 1826년 영국

210만 톤 1981년 영국

64만 톤 2005년 미국

전쟁이 끝나고, 엄청나게 가속화되기 직전인 1950년대에 석유의 시대가 도래했습니다. 석유는 1910년에 세계 에너지의 5%를 차지했지만, 1970년에는 40% 이상을 차지했습니다.

우리가 늘 석탄을 더 많이 소비하고 있지만 말이죠.

-1910년-
석유
0.05기가톤

-1970년-
석유
2.2기가톤

-2018년-
석유
4.5기가톤

여전히 전쟁 때문인가요?

물론입니다! 기갑 사단과 항공 산업의 발전 덕분이죠. 전쟁 시 군대는 에너지를 제한하려고 하지 않습니다. 그렇지 않나요, 조르주?

휘발유는 다음 전투에서 피만큼 필요합니다.

이 모든 산업은 미국의 지원을 받아 생존했습니다. 1944년 미국의 압력으로 항공 연료에 대한 국제 과세를 금지하고 민간 산업으로 다시 전환할 수 있도록 결정했습니다.

등유에는 세금이 붙지 않습니까?

네! 세금이 없습니다. 프랑스에서는 석유와 가스에 60%의 세금이 부과되는 것과 비교됩니다. 덕분에 항공 산업은 10년마다 CO_2 배출량을 두 배로 증가시키고 있습니다.

도와주세요!

곧 갈게요!

빵 사러 비행기 타고 갈 거죠?

당신도 휘발유 가격을 보았군!

1930

1944

석유는 석탄보다 장점이 많습니다. 덜 무겁고 운송이 더 쉽고, 에너지가 농축돼 있어서 채굴하기도 더 쉽습니다.

일단 시추하고 파이프라인을 설치하면, 이것을 모니터링할 기술자가 필요합니다.

광부, 철도 노동자, 부두 노동자는 필요 없습니다!

임금 감소, 불편 감소, 이익 증가!

그리고 기술자와 교대할 10대의 로봇이 문 뒤에서 기다리고 있습니다.

전쟁 때문에 탄생한 산업들을 위한 새로운 시장을 찾고, 소비 수요를 창출할 필요가 있습니다.

필요한 곳이 있다면, 나는 어디든 갑니다. 축배를 듭시다!

1944년에서 1950년 사이에 이루어진 브레턴우즈 협정, GATT, 마셜 플랜 등이 전 세계 자원에 무제한 접근을 허용하는 세계 시장을 만들었습니다.

자, 이걸 끝내야 합니다!

음!

우리는 그렇게까지 배고프지 않아요.

자, 어서, 성장에 대해 생각해 보라고요!

내켜 하지 않는 세계 시장에 강요하기 위해 성장은 이상적인 구실이 될 것입니다.

이제부터 좋은 정부란 성장을 보장해 주는 정부가 될 것입니다.

행복은 소비되는 물적 자산의 양으로 측정됩니다. 우리는 GDP, 경제 이론, 신자유주의, 산업이나 광고와 같은 측정 수단을 만들고 있습니다.

시장 규칙을 지키면서 말입니다, 어!

늘 그렇듯이, 이론이 처음 나왔을 때는 진정한 문제들이 제기되곤 합니다. 하지만 우리는 어떻게 해결해야 할지 모르기 때문에 그냥 제쳐 두고 이론을 적용하죠.

이런 이유로 GDP는 성장에 관해 잘못된 생각을 심어 주고 있습니다. 자원은 고갈되고 있는데 세계 GDP는 증가하고 있습니다.

얼마나 빠른지! 자, 더 많은 연료가 필요합니다!

기다려 보세요! 미지급 인건비, 환경 오염이나 처리 비용, 자원 고갈을 고려하지 않았습니다!

$f(k)$

사이먼 쿠즈네츠
GDP를 고안한 사람 중 한 명

다른 이론적 무기는 신자유주의입니다. 본질적인 개념은 인간이 개입하기에는 너무 복잡하므로 오직 시장만이 조절할 수 있다는 것입니다.

오 신성한 시장… 당신의 보이지 않는 손으로 우리를 무한한 성장으로 인도하십시오!

따라서 정부의 역할은 단지 장애물을 제거해 시장이 운영되도록 하는 것입니다.

광장으로! 광장으로! 큰 충돌을 조심하십시오!

CA SUFFIT!

이제 지긋지긋합니다!

그만!

따라서 18세기에 영국 정부는 공공재를 민영화해 마을 주민이 소유하지 않더라도 그 땅에서 살 수 있게 했습니다.

우리는 어떻게 될까요?

걱정 마세요. 내가 고용할게요!

사유지

이러한 조치는 성격이 바뀐 광고로 완성됐습니다. 광고는 더 이상 제품의 장점을 떠벌리기보다 소비자에게 새로운 욕구를 불러일으키고 새로운 소비 시장을 열 필요가 있었습니다.

Duchnoc을 구입하세요. 맛있고 건강에 좋답니다.

SEULS LES RINGARDS N'UTILISENT PAS DUCHNOC

*시대에 뒤진 사람들만 Duchnoc을 사용하지 않습니다.

우리는 미국인에게 '구취나 코털 같은 문제를 인식'하도록 만들 필요가 있어요.

광고는 대중이 자기 삶의 방식에 불만을 느끼고 주위 사물이 추하다고 생각하게 해야 합니다. 만족을 느끼는 소비자에게는 수익성이 없습니다.

우리는 1950년대에 소비 사회에 진입했습니다. 온실가스 배출은 이 속도를 따라갔습니다. 그리고 전염병까지 말이죠.

이건 얼마나 지속될까요?

행복

1950년대 광고

코로나가
[상]을 바꾸었다고
[생]각하십니까?

이 만화를 처음 시작했을 때
나는 정말 비관적이었습니다.
기후 온난화도, 몇몇 종의 멸종도
피할 수 없을 거로
생각했습니다.

그러나 코로나 19가 나타났습니다. 코로나 19는 우선순위를 바꿨습니다.
돈을 버는 것보다 생존하는 것이 더 중요해졌습니다. 그리고 생존하려면 모두가
힘을 합쳐서 자연을 관리해야 합니다.

정치적인 의지가 있고 여론이 정부를 움직일 수 있을 때
돈이 부족하지 않다는 것을 우리는 알고 있습니다.

그러면 조금 더
낙관적으로
보십니까?

예, 하지만 나는 화가 납니다.
역사는 우리에게 이 위기의 본질을
알려 주고 있습니다. 1950년 이후 우리 모두
아주 잘 알고 있었던 정책의 결과라는 사실요.

와! 마법의 돈!

쳐다보기가 힘들군.

이러한 정책들이 오늘날에도 계속되고 있으며,
우리가 겪고 있는 위기와 불평등으로
우리를 이끌어 가고 있습니다.

이를 정당화하려고 우리는 이론적 토대를 만들고,
개인, 기업 및 국가를 압박할 기관을 설립했습니다.

불평은 그만하지,
제임스?

나 같은 부자들이 점점 더
부자가 되지 않는다면, 부자들이
점점 더 가난해지는 당신 같은
사람들을 어떻게
도울 수 있었겠어?

이것이 신자유주의 이론입니다. 두 명의 전문가가 우리에게 설명해 주겠습니다.

이 이론은 몇 가지 기본 가정을 기반으로 합니다.

신자유주의 법칙

- **I** 인간은 탐욕스럽고 불만족스러운 상태로 태어난다.
- **II** 모든 교환은 양 당사자에게 혜택을 주어야 한다.
- **III** 원료 부족은 늘 기술 진보로 보완할 것이다.

게리 베커
1930~2014년

프리드리히 폰 하이에크
1899~1992년

우리는 이러한 가정을 수학 공식으로 쓸 수 있습니다.

그걸 바탕으로 계산해 보세요.

$1+1=\infty$

하지만 가정에 결함이 있다면, 결과도 마찬가지일 겁니다.

주위를 둘러보는 것만으로도 충분히 관찰할 수 있습니다. 지금의 기후 및 생물학적 위기 앞에서 진보가 전부가 될 수는 없습니다.

모든 교환이 공정한 것은 아닙니다. 임금만으로 생활하는 사람과 그들에게 일자리를 제공할 수 있는 사람 사이에서 게임은 평등하지 않습니다.

내 조건이 당신의 조건이 될 것입니다.

라코르데르는 이미 1848년에 그 이야기를 했습니다.

강자와 약자, 부자와 가난한 자, 주인과 하인 사이에서, 억압하는 것은 자유이고 해방시키는 것은 법이다.

어쨌든 개인은
항상 더 많은 것을 원합니다.
인정하십시오!

역사적으로 그건 틀렸습니다.
막스 베버가 저서 《프로테스탄티즘의
윤리와 자본주의 정신》에서
밝힌 것처럼 말입니다.

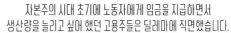

자본주의 시대 초기에 노동자에게 임금을 지급하면서
생산량을 늘리고 싶어 했던 고용주들은 딜레마에 직면했습니다.

그러니 이것 봐!
속도를 높일
필요가 있어!

나를 늘릴
필요가
있겠군요!

아! 좋아요. 석유 1통의 가격을
10% 인상하겠습니다.

아주 좋아요.

생산량이 거의 증가하지 않았어!
뭐 하는 거죠!?

글쎄, 뭐하러
고생해야 합니까? 나는
내가 좋아하는 삶을 살 만큼
충분히 벌고 있어요.

내가 무엇을 배웠던 거지?!
당신은 더 많은 돈을 벌기 위해
더 일하고 싶지 않은가요?

게으름뱅이들!

아뇨! 우리는
더 잘 살기 위해
덜 일하는 것을
선호해요.

그건 노예들도
마찬가지야!
이 게으름뱅이들!

강제 노동을
강요할 수밖에 없도록
만들고 있어!

우리만 이렇게 이야기하는 것이 아닙니다! 스코틀랜드의 위대한 경제학자 애덤 스미스(1723~1790)는 우리보다 오래전에 이 이야기를 했습니다.

보이지 않는 손은 이익 추구에 집중하고 각자의 이기심을 공익에 기여하게 만들었습니다.

기적처럼 말입니까? 마이클 더글러스가 영화 〈월 스트리트〉에서 '탐욕은 선하다'라고 했던 말을 진심으로 믿습니까?

우리에게 상식에 반하는 이념을 강요하는 데는 오랜 시간이 걸렸습니다! 반세기 전부터 대학에서도 이런 이념을 가르치고 있습니다! 그리고 나도 거기에 기여했지요. 그 점이 화납니다!

그러려고 노벨상과 권위 있는 자리를 주었습니다. 또한 이데올로기, 연설, 국제 조약, 확신에 찬 정치인이 필요했죠.

대안이 없습니다.

사회는 존재하지 않고, 개인만이 있을 뿐입니다.

유일한 식사 : 매기의 수프

그리고 오늘날 트럼프와 보우소나루가 본보기를 보여 줄 때까지 이어졌습니다.

서로 박살 내버립시다!!

경제학자 케인스가 썼던 것처럼 아무도 이 이데올로기에서 빠져나갈 수 없습니다.

모든 지적 영향력에서 벗어날 거로 믿고 행동하는 사람들은 종종 이미 사라진 경제학자들의 노예인 경우가 많습니다.

존 메이너드 케인스
1883~1946년

이데올로기로는 충분하지 않습니다.
하지만 이데올로기는 강력합니다. 이 완고한 사람들을
보십시오. 그들에게 무력을 사용해야 할 수도 있습니다.

어쩌면
해결책이 있을지
모릅니다. 시장을
세계화합시다.

이 시장은 1939년부터 1945년까지
전쟁 기간에는 존재하지 않았습니다. 국경은 사람뿐만 아니라
자본에도 닫혔습니다. 1950년 이후로 미국이 주도하는 서방 국가들이
시장을 다시 열기 위해 노력했습니다.

시장을 열고,
입은 다무시오!

우리를 소비자 취급하지
마시오!

지겹습니다!

오늘날 시장은 대부분 완성됐습니다. 글로벌 시장,
특히 금융 시장은 경제적 정통성을 지키고 있습니다.

글로벌 시장은 자발적으로 생긴 것 아닙니까?

자, 자!

여기는 안전요원이
없습니다!

정반대입니다! 글로벌 시장은 구축하고 실행하고
유지하는 데 지속적인 관심과 상당한 자원이 필요한
섬세한 메커니즘입니다.

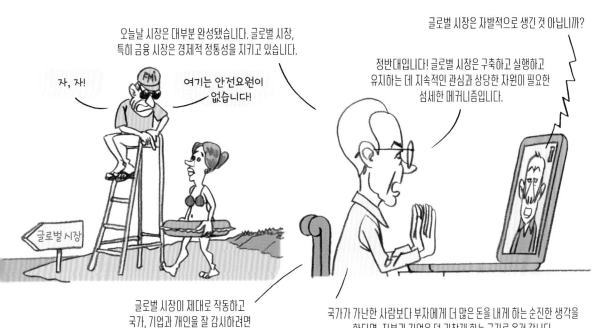

FMI

글로벌 시장

글로벌 시장이 제대로 작동하고
국가, 기업과 개인을 잘 감시하려면
수많은 국제 조약과 규제 기관이 필요했습니다.

국가가 가난한 사람보다 부자에게 더 많은 돈을 내게 하는 순진한 생각을
한다면, 자본과 기업은 덜 귀찮게 하는 국가로 옮겨 갑니다.

자유 무역 조약

모든 것이 마찬가지입니다.
기업가는 장기적으로 투자하기를 원합니다.
하지만 주주는 수익을 요구합니다. 그것도 당장 말입니다.
그렇게 하지 못하면 자금을 다른 곳으로 옮겨버리죠.

이건 우리 주주들이
걸어 준 그림입니다.

직원들이 불만을 제기하는 것도 비슷합니다.

글쎄요, 나는 이미
가방을 쌌어요!
회사를 옮겨야겠어요!

우리는 생계를
유지하고 싶습니다!

이러한 사회적, 경제적 모델은 모든 곳에 가차 없이 적용됩니다.

이건 참을 수 없습니다

예. 이건 지적 사기입니다. 우리는 자유 무역이
모든 사람에게 이익이 된다는 말을 끊임없이 들었습니다.
하지만 그건 틀렸어요!

지역 소상인

30%나 저렴한
칠레산 사과

신자유주의 이론은
그렇게 말하지는 않습니다.
단지 승자와 패자가 있을 것이라고
말할 뿐입니다.

하지만 승자는
패자를 보상해 줄 수 있을 만큼
충분히 벌 것입니다.

그러나 중국 기업이 유럽 노동자의 일자리 손실에 대해 보상하는 것을
본 적이 있습니까?! 아니면 미국의 목화 생산자들이 아프리카 농민에게
시장을 빼앗은 것에 대해 보상한 적이 있습니까?!

말리에 내 사과 편지와
보상금 보내는 것을
잊지 말아야지.

온실가스를 가장 많이 배출해 가장 심각한 오염원 중 하나인 산업 분야부터 시작해 봅시다.

그런데?!

농업

이 마스크는 코로나 19 대비용인가요?

아니요, 나는 유기농 농부입니다. 이제부터 할 이야기는 익명으로 하고 싶어요.

계속 이야기해 보세요.

2020년 구월 구일, 부슈뒤론 지방의 유기농 농부 부부는 누군가가 온실을 망가뜨리고 약탈한 광경을 목격했습니다. 그 후 며칠 만에 채소들이 죽었습니다.

그 일로 남편은 병에 걸려 병원에 입원했습니다. 농부는 농작물에 제초제가 살포됐으며, 자신도 독극물에 심각하게 노출됐다는 사실을 알게 됐습니다.

우리는 소송을 제기했습니다. 4년 동안 세 번 소송했죠. 하지만 한 번도 이기지 못했습니다.

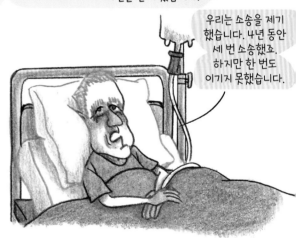

경찰은 무엇을 하고 있었습니까?

아, 우리가 모든 곳에 있을 수는 없습니다! 우리는 이미 데메테르 작전 수행 중이었다고요.

데메테르는 전국농업조합연맹(FNSEA), 젊은 농부들(Les Jeunes Agriculteurs)과의 협약에 따라 2019년에 설립된 국가 감시 기관입니다.

하지만 농민 연합은 협약에 참가하지 않았어요.

이 기관은 농업과 관련해 이데올로기적 성향을 보이는 행동을 억제하는 게 목표입니다. 다시 말해서, 지속적이든 단순하든 간에 중상모략에 대해 상징적인 조치를 하는 것이죠.

윽! 할머니, 이 사과 맛없어!

이런! 농업을 비방하지 마시오!

나는 글리포세이트(제초제)나 네오니코티노이드(살충제)의 장점에 대해서 말하지 않을 것이고, 이데올로기적인 행동을 판단하는 경찰관의 능력을 신뢰하지 않아요. 따라서 익명으로 남고 싶습니다.

조심하세요. 경찰관을 비방하지 마시오!

농민을 비방하고 싶은가요?

우리가 농촌 생활이라고 떠올리는 이미지는 더 이상 현실과 일치하지 않습니다. 다양한 농작물을 재배하고 가축을 키우고 토양을 자연적으로 비옥하게 만드는 소규모 농장은 프랑스에서 거의 사라졌습니다.

농화학 제품이 주도하는 전통적인 농업은 종자, 비료, 살충제, 기계, 가공, 포장, 식품 마케팅, 섬유, 가축, 향수 등 전체 생산 공정이 다국적 기업에 의해 통제되는 산업이 됐습니다.

수많은 농부, 특히 목축업자들은 이러한 시스템 때문에 경제적으로 어려움을 겪게 됐습니다.

예를 들어, 콘플레이크를 만들려면 비료와 살충제가 필요하고, 밭을 갈고 씨를 뿌리고 수확할 농기계, 곡물을 삶거나 로스팅하는 기계, 설탕이나 비타민을 첨가하는 기계가 필요합니다. 그리고 간단한 게임이나 선물이 담긴 구미를 당기는 포장 상자와 좋은 광고 캠페인이 필요합니다.

콘플레이크는 도덕적인 면에서 가치가 높습니다. 콘플레이크의 성욕을 억제하는 효과는 자위행위를 방지하는 데 도움이 됩니다.

존 켈로그
콘플레이크의 발명가

지구상에서 운송 수단보다 훨씬 많은 온실가스를 배출하는 게 농업입니다.

온실가스 배출량의 절반은 가축 사육이 차지합니다. 반추 동물은 트림으로 메탄을 내뱉습니다. 되새김질하는 동안 온실가스를 배출하는 것은 반추 동물의 제1위에 존재하는 박테리아입니다.

농업 및 벌목	29%
발전소	27%
운송 수단	15%
공장	12%
건설	5%
시멘트	5%
그 외	7%

송아지 고기 1kg을 생산하는 데 배출하는 온실가스양은 자동차가 220km를 달리는 동안 배출하는 온실가스양과 같다! 나쁘지 않은가!

메탄 5%

메탄 94%

이크 실례했슴

하지만 좋은 소식도 있습니다. 메탄은 CO_2보다 훨씬 강력한 온실가스이지만 훨씬 빨리 제거됩니다. 만일 오늘 배출을 중단한다면, 30년 안에 10배나 줄어들 것입니다.

따라서 지구 온난화와 싸우는 간단하고 효과적인 방법은 육류와 유제품을 덜 먹는 것입니다. 그런데도 육류와 유제품에 대한 소비는 전 세계적으로 계속 증가하고 있습니다.

메탄

720

1700

전 세계 육우 가축량 단위 백만 마리

1950

2014

육류 소비를 줄이면, 대기 중 온실가스양은 빠르게 줄어들고, 인간이 이용할 수 있는 땅과 물은 늘어날 것입니다.

프랑스에서 경작지의 2/3가 소를 위해 사용되고 있습니다.

하지만 소고기는 우리가 음식으로 섭취하는 칼로리의 3% 정도밖에 되지 않습니다.

육식은 아주 비효율적으로 영양을 섭취하는 방법입니다. 우리 접시에 담긴 고기 1칼로리를 만들려면 암소는 25칼로리를 섭취해야 합니다. 이를 위해 암소는 물을 아주 많이 필요로 하는 옥수수 등을 먹습니다.

풀 25칼로리

고기 1칼로리

전통 방식의 농업은 자연의 순환 주기,
즉 살아 있는 토양이 동물 비료를
재활용했습니다.

지금의 농업은 마치 자동차 제품처럼
농산물을 생산합니다. 한정된 이윤과 생산품을 극대화하려고
이미 검증된 생산 공정을 이용합니다.

투입(인풋) ▶ 공정 ▶ 완제품

씨앗은 살충제와 함께
뿌려집니다.

토양은 살충제를 뿌리는
불활성 매개물로 취급됩니다.

저항력이 있다고 특허를 받은
종자를 제외하고, 다른 모든 식물과
동물은 토양에서 사라졌습니다.
살균된 토양은 식물에 영양을 공급하기에
부적합하므로 부족한 영양분을
보충해야 합니다.

식물은 살충제의
5%를 흡수합니다.
나머지는 공중이나 땅에
남습니다.

살충제는
수년간 남아서
곤충을 모두 박멸합니다.
유럽에서는 곤충 개체 수가
60~80%
감소했습니다.

먹이가 없는 새도 같은 운명을 겪었습니다.
1989년 이후 프랑스에서는
새의 1/3이 줄어들었습니다.
살충제에 직접 닿은 농부들은
직업병의 희생자가 됐습니다.

관행 농업은 종종 동일한 계통, 즉 동일한 염색체를 가진 한 종류의 작물만 심어서 유전자 사막을 만듭니다. 따라서 질병이 발생하면 한꺼번에 모든 것을 잃게 되죠.

복제하지 마세요!

이러한 관행 농업의 장점은 상거래에 있습니다. 주로 특허를 받은 개량 종자를 사용하기 때문에 사용을 조절할 수 있습니다. 하지만 이런 종자는 이듬해에 다시 씨로 뿌릴 수 없고 해마다 새로 구입해야 합니다.

오, 오! 훌륭해요! 우리가 다양한 농부들을 길들였어요.

표준화된 농산물은 품질이 동일하기 때문에, 원재료 거래소에서 대량으로 판매 및 구매할 수 있습니다.

나는 이 종자가 좋아요!

자기 종자를 사용하는 전통적 방식을 따르는 농부들은 글로벌 시장에 접근할 수 없습니다. 전통적인 품종의 작물을 판매하는 것은 금지돼 있기 때문입니다.

당신의 조상들이 그것을 먹었다고요? 글쎄, 이건 그다지 신선하지 않은 것 같군요!

이 유전자 사막은 인간의 사막이 되고, 큰 농장은 농민을 도시로 쫓아냅니다. 종종 제3 세계에서는 소유권 증서가 없으면 모두 몰수당하기도 합니다.

맞아요, 이 기생충을 제거해야 합니다.

남은 농부들은 글로벌 시장에 의존하는 곡물 가격에 적응하고 기계, 연료를 대느라 빚을 집니다. 부채는 관행 농업 방식에서 벗어날 수 없게 만드는 부담으로 작용합니다.

여기는 좋아지고 있어요?!

여론이 압도적으로 지지하는 대안이 있습니다.
바로 유기 농업입니다. 화학적인 요소를 제거하고 농업과 임업의
자연적인 순환으로 돌아가는 것이죠. 나무와 작물을 결합하는 겁니다.

밀밭에 소나무를 심는다고요?
그건 사실에서 완전히 벗어난 일이군요!

미국 로데일 연구소 연구 등 수많은 연구에 따르면,
유기 농업은 관행 농업보다 더 효율적입니다.
특히 가뭄일 때 수확량은 더 많으며, 농부에게 3~6배 더 많은
수익을 가져다준다고 합니다.

연간 헥타르당
평균 순수익

662$

유기농업

3700$

관행 농업

세계 인구가 증가하고 농업 생산량이 그것을 따라가지 못하기 때문에
변화는 더욱 시급합니다. 대부분의 연구에서 농업 생산량은
지구 온난화로 줄어들 것으로 예측합니다.

재생 농업은 관행 농업에서 방출하는 탄소를 가라앉혀
토양을 재구성하게 합니다. 토양의 흡수 능력을 0.4 % 증가시키면,
인간이 해마다 배출하는 CO_2 양을 상쇄할 수 있습니다.

무엇을 심고 있는 겁니까?

탄소요.

아… 나는
당근이 더 좋은데.

농업은 가장 발전이 기대되는 유망한 분야입니다.
그러나 농부 대부분은 관행 농업의 악순환에 발목 잡혀 있어
저항감이 강합니다.

전 세계 곳곳에서 지역 주민들이 그들의 환경을 보호하고자 시위에
나서고 있습니다. 하지만 폭력적인 진압으로 사람이 죽기도 합니다.

아, 농사를 지으면서
물 주기를
주저하지 마세요.

로비
농업 관련
산업

씨 뿌리러
왔습니까?

네,
무서워서요.

관행 농업 방식을 바꾸려는 농부들은 종종 범죄자 취급을 받습니다. 녹조에 관한 경각심을 일깨우려고 했던 사람들도 마찬가지 취급을 받았습니다. 질산염과 인산염의 과다 유입으로 발생한 녹조는 여러 사람을 죽였습니다.

2016년, 350개의 과학 논문을 요약한 보고서에 따르면 관행 농업은 토양, 물, 생태계 상태를 훼손하는 것으로 드러났습니다.

친환경 세상, 그건 당신 맘에 들겠어요?

뭐라고요?

그럼에도 선진국에서는 관행 농업을 장려하고 있습니다. 전 세계 농부들의 생활을 악화하고 있지만, 가난한 나라의 굶주림을 근절하는 데 실패했습니다.

보고서는 '농장이나 환경의 다양화, 화학 요소의 교체, 다양성 회복을 바탕으로 하는 근본적으로 다른 농업이 필요'하다고 결론을 내렸습니다.

이 사람이 비방하도록 내버려 둘 건가요?!

뭐라고 하는지 잘 들어보세요!

* 지속 가능한 먹을거리 체계 www.ipes-food.org

이건 내 이야기가 아니라, 국제 전문가 패널 IPES food*의 이야기입니다.

〈통일성에서 다양성으로〉라는 보고서 내용이죠.

당신도 참고했습니까?

감사합니다.

음, 이번에는 좋습니다. 유포하시오!

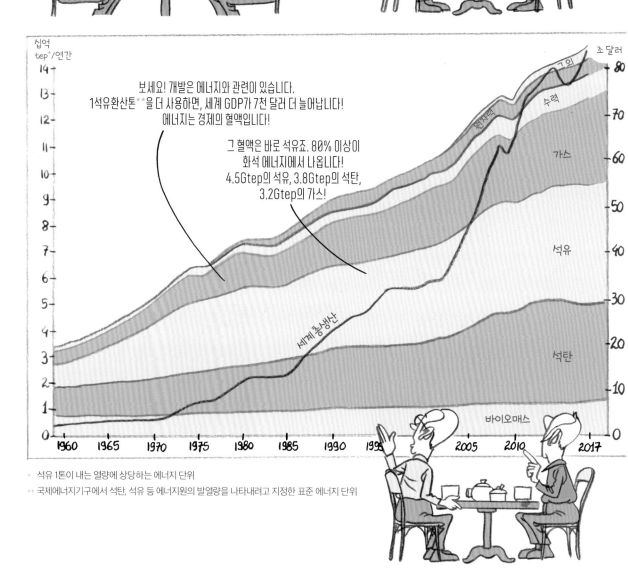

* 석유 1톤이 내는 열량에 상당하는 에너지 단위
** 국제에너지기구에서 석탄, 석유 등 에너지원의 발열량을 나타내려고 지정한 표준 에너지 단위

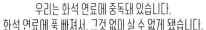

우리는 화석 연료에 중독돼 있습니다.
화석 연료에 푹 빠져서, 그것 없이 살 수 없게 됐습니다.

우리는
해독해야 합니다.

실례합니다!

이야기 잘 들었습니다.
당신 생각을 분명하게 알 수 있을 것 같군요.
내 소개를 하겠습니다. 나는 드레이크 대령입니다.
나도 대령이 무엇인지는 잘 모르지만, 그건 상관없습니다.
사람들이 말하기를 내가 석유를 추출하기 위해
최초로 시추를 한 사람이라고 합니다.

나는 1859년 8월 27일에 지하 21m에서 석유를 발견했습니다.

내 시추 방식은 지금도 여전히 사용되고 있으며,
2010년 폭발한 석유 시추선 '딥워터 호라이즌'호가
11km 길이의 바다에서 탐사하는 데 사용됐습니다.

그날 나는 8배럴의 석유를 추출해 갑자기 세계 석유 생산량을
두 배로 늘렸습니다. 오늘날에는 하루에 1억 배럴 정도 생산하고 있습니다.

석유는 램프 속 지니와 같습니다!
1kg의 석유는 25분 동안 범선을 움직이는 순풍만큼의
에너지를 가지고 있습니다!

휴대할 수 있고, 원하는 때에 원하는 방식으로
사용할 수 있다는 장점이 있습니다.

바람은 늘 불지 않고,
때로 너무 약하거나
너무 강하게 불죠.

1kg의 석유는 100m 높이에서 떨어지는 43톤의 물과도 같습니다!

그것은 반나절 동안 1천 와트의 에너지를 내죠!

석유는 육상, 해상 및 항공 운송에 연료로 사용됩니다. 그래서 우리는 석유로 전쟁을 하고, 석유 때문에 전쟁을 벌입니다!

이것은 재래식 석유라고 부르는 것입니다.

대기에 불행인지 다행인지, 땅에 구멍을 뚫고 석유를 뽑아낼 수 있는 날이 점점 줄어들고 있습니다.

시추관에 석유가 고갈되면, 남아 있는 석유를 완전히 비우기 위해서 물을 주입해 남아 있는 석유를 퍼 올려야 합니다. 재래식 석유 생산량은 2006년부터 줄어들고 있습니다.

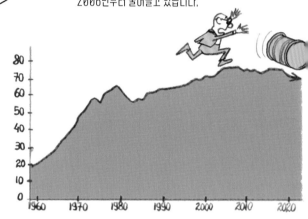

하지만 비재래식 석유가 있습니다! 예를 들면 캐나다와 베네수엘라의 타르 샌드입니다! 타르를 끓여서 석유를 추출하는 거죠.

셰일 오일도 있습니다! 우리는 오일이 들어 있는 암석을 부수고 있습니다.

재래식 석유의 줄어든 생산량은 비재래식 석유와 셰일 오일로 벌충하고 있습니다.

그것도 안 된다면 수소가 있습니다.

수소는 지구에서 자유로운 상태에 존재하지 않기 때문에 만들어야만 합니다. 수소 중 96%가 탄화수소 분자를 분해해 생성됩니다.

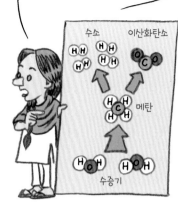

수소   이산화탄소

메탄

수증기

불행한 사실은 수소 1톤을 만들려면 CO_2 10톤을 배출해야 한다는 것입니다. 따라서 수소 자동차는 가솔린 자동차만큼 CO_2를 많이 배출합니다.

운전하기 전에 배출하잖아요, 그게 더 예의 바른 거죠.

아, 괜찮아! 어찌나 까다로운지!

깨끗한 연료인 가스도 있습니다. 똑같은 에너지를 만들면서 석유 절반 정도의 이산화탄소를 배출합니다.

다시 말하지만, 그건 석유를 대체하는 것이 아니라 에너지원으로 추가되는 거죠.

전자 담배를 생각해 보세요. 우리의 죄책감을 덜어 주고 새로운 소비자를 찾아낸 기발한 창작품 아닌가요.

더 많은 사람이 점점 더 적게 담배를 피우고 있습니다!

다행히도 재생 가능한 에너지가 있어요. 오랫동안 이용해 온 수력 에너지, 본격적으로 개발 중인 풍력 및 태양열 에너지가 있습니다.

문제는 이런 재생 에너지들을 집중적으로 사용할 수 없다는 것입니다. 우리는 돛을 달고 대서양을 가로질러 항해할 수 있지만, 달에 갈 수는 없습니다. 즉 꾸준히 생산하기가 쉽지 않아서 믿고 사용하기 힘듭니다.

휴스턴, 우리에게 문제가 생겼습니다.

그렇기 때문에 주로 보완 네트워크에 공급하는 전기를 생산하는 데 사용합니다. 이 전기를 저장하는 것이 기술적으로 주요한 과제입니다.

전 세계의 모든 배터리는 500GWh만 저장할 수 있습니다! 10kWh(휘발유 1리터)짜리 배터리를 가진 자동차 10억 대를 운전하려면 지금 존재하는 양의 스무 배인 1만GWh가 필요합니다.

휴스턴, 여전히 문제가 있습니다.

우리는 화석 연료를 너무 많이 소비하고 있어서, 재생 가능한 에너지로 완전히 대체할 수 없어요. 따라서 우리는 에너지 소비를 전반적으로 줄여야 해요.

우리가 대부분 불필요한 곳에 에너지를 소비하고 있기 때문에 불가능하지는 않아요. 미국 자동차는 유럽 자동차에 비해 같은 성능을 제공하면서 훨씬 연료가 많이 들고 무겁습니다(2톤 대 1.4톤).

말은 쉽죠!

안녕하세요, 제 이름은 마이크이고, 230킬로를 허비했습니다.

잘했어요, 마이크!

2017년 1인당 CO$_2$ 배출량을 살펴보면, 우승자는 카타르입니다. 미국은 카타르의 절반, 유럽과 중국은 미국의 절반이며, 방글라데시는 14배나 적습니다. 모든 면에서 낭비가 얼마나 심한 것일까요?

가능성은 아주 커요! 유럽에서 재생 에너지를 지능적으로 사용한다는 것은 운송 시스템을 재편하고 산업 시설을 이전하는 것을 의미하죠. 아프리카에서는 외딴 마을에 에너지를 공급하고 발전시키고 있습니다. 서둘러 알아보죠!

가 봅시다!

하지만 당신은 가난한 나라 사람이 환경에 관심을 가진다면 믿겠습니까?! 그들은 배부른 걱정을 할 겨를이 없습니다!

환경은 우리의 공동 자산이에요. 어느 곳에서나 사람들은 환경을 지키려고 행동하죠.

영화 <비걸 댄 어스>*에서 이런 사례를 볼 수 있습니다. 발리에서 비닐봉지를 퇴출하기 위한 운동을 펼친 멜라티 이야기입니다.

자, 우간다로 갑시다!

'지역 사회 역량 강화를 위한 이니셔티브', YICE 우간다에서 일하는 위니를 소개합니다.

세계에서 가장 가난한 나라 중 하나인 우리나라는 특히 콩고 민주 공화국에서 온 수많은 난민을 수용하고 있습니다.

심지어 당신들 나라보다 더 잘 보살피고 있습니다!

이 캠프는 12만 명 이상을 수용합니다. 정부는 그들에게 거주하고 식량을 재배할 수 있는 토지를 할당해 줍니다. YICE 우간다는 연간 200명의 어머니를 위해 영속 농업(퍼머컬처)* 훈련 프로그램을 마련했습니다.

가난한 사람들이 유기 재배를 한다! 꿈만 같군요!

UNHCR
나키발레
난민촌

물론입니다! 하지만 관행 농업은 토양을 고갈하고 환경을 파괴하고 안정적인 식량 확보를 보장하지 않습니다.

채소 재배와 유기질 비료를 번갈아 사용하면서 토양과 생물 다양성을 회복하고, 식단을 다양하게 개선할 수 있습니다. 곤충은 이제 우리의 조력자이며 더는 적이 아닙니다.

* 호주 빌모리슨 교수가 30여 년간 이론과 실천을 연구, 개발했던 영속적인 농업의 개념으로 지속 농업과 그 개념이 유사하다. 빌모리슨 교수는 현재 세계 150여 개 농장을 연결하는 퍼머컬처(permaculture) 연구소장으로 그 중요성을 전파하고 있다.

수익성은 있습니까?

영속 농업은 수확량을 올려 자급자족할 수 있는 수준을 넘어서 수확할 수 있도록 합니다. YICE 우간다는 농민에게 마이크로크레딧**을 이용하게 하고, 스마트폰으로 현지 시장에 접근해 남는 농산물을 최적의 가격에 판매할 수 있게 했습니다. 한 여성이 두 명의 여성을 교육하고, 이 여성들이 또 각각 두 명의 여성을 교육하는 방식으로 지식을 퍼뜨렸습니다.

YICE 우간다의 이 사업은 부콤페 난민 캠프에서 이미 진행됐습니다.

우간다
부콤페
나키발레

이곳 주민 80%가 땅으로 살아갑니다. 그러나 학생 3명 중 1명은 점심을 먹지 못합니다. 영세한 농민들은 좋은 교육을 받지 못했고, 농기구도 없기 때문입니다.

우리가 이 사업을 확장한다면 기아는 사라질 것입니다.

당신은 연대를 믿습니까? 인간이 늘 원했던 것은 케이크의 가장 큰 조각을 갖는 것입니다. 다른 것은 중요하지 않습니다!

그 반대입니다!

대부분의 사회는 땅이나 물같이 매우 중요한 것을 공유하며 누구도 소유하지 않고 함께 관리합니다.

오늘날에도 마찬가지예요. 캄보디아 프레눕에서 무슨 일이 일어나고 있는지 보여 드릴게요. 가죠!

~올바른 사용~

공동

경작

보존

공동체

캄보디아

프레눕

•• 자활 의지가 있는 빈민과 저소득층을 대상으로 하는 무담보 소액 대출 제도

아열대, 열대 해안가에 사는 교목이나 관목

그뿐만 아니라 크메르 루주의 대량 학살은 흔적을 남겼습니다. 생존자들은 자기 앞가림을 하기에도 힘들었고, 우리는 공동체의 삶을 재건해야 했습니다.

간척지 관리는 이제 간척지 사용자의 공동체인 CLIP으로 이전돼 개발 및 투자를 결정하고 회원으로부터 수수료를 징수하고 있습니다.

CLIP이 처음부터 있었던 것은 아닙니다. 하지만 농민들은 그곳에서 자기 의견을 제안할 수 있었기 때문에 CLIP을 고수했습니다. CLIP은 장기적으로 간척지의 미래를 지켜 주는 살아 있는 조직입니다. 여기서 주민들은 어부가 바다로 나갈 수 있도록 카누 다리 설치 여부를 놓고 투표를 하고 있습니다.

이런 집단주의가 정말 효과 있습니까?

쌀 생산량은 1만 2천 톤에서 2만 9천 톤으로 증가했습니다. 2,700헥타르의 경작지에 2천 가구가 정착했습니다. 토지 독점을 피하고 불평등을 줄일 수 있었습니다.

땅은 공동 소유이지만, 물은 누구의 소유도 아니었습니다. 물은 공동으로 관리되는 공공재입니다.

전 세계적으로 담수, 깨끗한 공기, 생물 다양성은 공공재이며, 이 모든 것을 좌우하는 것은 기후입니다. 기후를 함께 관리하는 방법을 배우는 것이 우리의 도전 과제입니다.

여기서 농업은 전통이기 때문에 상황을 바꿀 수 있습니다. 하지만 우리에게 농업은 산업입니다. 투자나 로비에 대한 부담이 있죠. 누가 그것을 변화시킬 수 있을까요?

바로 인구 통계죠! 프랑스에서 무슨 일이 일어나고 있는지 보러 갈까요!

이곳 농부의 절반은 향후 10년 안에 은퇴할 거예요.
새로운 세대는 새로운 관행을 가져올 것이고요.
블렌딘처럼요.

농부 빵집에 오신 것을
환영합니다!

뭐라고요?

우리는 일주일에 두 번 빵을 반죽하고 구워서 현지 유통 업체에
배달합니다. 직접 재배한 토종 밀로 만든
우리만의 밀가루를 사용하고 있어요.

우리는 이게 좋아요.

상업용 밀가루는 점착력이 있고 소화가 잘되지 않는
글루텐을 함유하고 있어요. 그건 공장에서 가공해도 될 정도로
충분히 탄력이 있죠. 그들은 생산성을 위해서 밀을 선별해
사용하는데, 이때의 계약 관계는 깨지기 쉽고
위압적이에요.

이 반죽은
아주 부드럽군.

마치 내
농부들처럼!

우리는 시간을 단축해야 하고 화학 요소를 첨가하는 것을 별로
좋아하지 않아요. 그래서 유기 농업을 하는 농민의 품종을 선택했죠.
여기에는 아주 오래된 다섯 가지 품종의 밀이 있어요.
우리는 이 씨앗과 생산력으로 제품을 만듭니다.

이 품종은 더 강인하고 더 크게 자랍니다.
짚은 염소 목장으로 보내요. 그 대가로 염소 목장주는
우리에게 천연 비료를 제공하죠. 우리 목표는
유기물 함량을 늘려 토양을 복원해
더는 쟁기질할 필요가 없도록 만드는 겁니다.

당신과 같은 소규모 집단에서는 이런 변화가 가능하지만
기업은 달라요. 이사회와 특히 이익만을 바라보는
주주들이 있습니다. 그리고 이익은 지금으로서는
석유와 같습니다.

점점 줄어들죠!

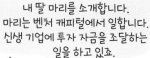

내 딸 마리를 소개합니다. 마리는 벤처 캐피털에서 일합니다. 신생 기업에 투자 자금을 조달하는 일을 하고 있죠.

엑슨 모빌*이 창립 이후 처음으로 미국 상위 10대 기업에 포함되지 않았다는 사실을 알고 있나요?

나는 공부를 하면서 디지털 물결이 다가오는 것을 보았습니다. 기업은 젊은이, 기업가, 소비자가 주도하는 이 물결에 적응해야 했습니다. 그리고 오늘날 GAFA**는 월스트리트 자본 총액의 20%를 차지합니다.

이건 단지 디지털 말일 뿐이군. 들여보내!

사람들은 생명을 다시 경제의 중심에 두고 싶어 합니다. 젊은이들은 의미 있는 직업을 찾고 있습니다. 시민은 건강과 자연을 보전하기를 원하며, 기업은 여기에 적응해야 합니다. 경제는 이 방향으로 발전할 것입니다.

넷플릭스 CEO는 이렇게 말했습니다.

우리의 최대 경쟁자는 잠입니다.

따라서 넷플릭스는 고객 건강을 담보로 시장 점유율을 확보하려고 했지만, 바람직하지 않고 지속되지도 않을 겁니다. 이윤이 더는 성과의 유일한 기준이 아닙니다.

일방통행

기업은 성공하려면 자기 이윤을 사회 및 세계와 연계해야 합니다. 우리 회사인 2050.do에서는 이러한 진화를 예측했습니다. 우리는 주주가 없습니다. 우리는 연계를 보장하는 지속 가능성 기금으로 관리하고 있습니다.

우리는 지식을 공유하고 프리웨어나 그린 컴퓨팅 같이 모든 사람에게 도움이 되는 사업을 지원하는 데 일부 투자합니다.

그게 다 무슨 소용이 있겠습니까? 시장이 움직이도록 내버려 둡시다! 고객이 동기를 부여하면, 기업은 따라옵니다.

당신은 루시에를 만나 보는 것이 좋겠군요!

* 석유 및 에너지 회사
** Google, Apple, Facebook, Amazon의 첫 글자를 따서 만든 단어

리클레임 파이낸스 설립자 루시에 팡손은 2020년 프랑스 3대 은행에 석탄에 대한 투자 중단을 요청해 골드먼 환경상을 수상했습니다.

음, 대단한 것은 없군요. 모든 은행이 우리에게 친환경적이고 윤리적인 투자를 제안하려고 노력하고 있습니다. 은행들은 이미 에너지 전환에 자금을 지원하고 있어요.

2016년과 2019년 사이에 세계적인 은행들은 화석 연료에 2조 구천억 달러 이상을 투자했습니다. 이는 2015년 파리 협정 이후 50% 이상 증가한 것입니다.

아?

화석 연료에 대한 은행 투자
단위 수십억 달러

640 | 674 | 700 | 736
2016 | 2017 | 2018 | 2019

BNP 파리바 은행은 2018년에 카토비체 총회에 참가한 후에도 화석 연료에 842억 달러를 투자하면서 자금 조달을 구2% 늘렸습니다.

우리는 우리의 신용 포트폴리오에서 유발되는 온실가스 배출량을 파리 협정의 목표에 맞추기 위해 최선을 다하고 있습니다.

아? 이해했습니다. 우리 이익을 온실가스 배출량에 맞춘다고요.

하지만 2017년에 BNP 파리바 은행은 북극에서처럼 비재래식 가스와 석유에 자금 조달을 중단하겠다고 발표했습니다!

그 약속은 로열 더치 셸, 토탈, ENI, BP와 같은 석유 및 가스 대기업을 포함하지 않는 것이었죠. 그리고 BNP 파리바 은행은 여전히 북극에서 탄화수소를 추출하는 자금을 조달하는 일곱 번째로 큰 은행입니다.

이건 녹색 세탁이군요!

그런데 왜 은행들이 이런 발표를 하는 걸까요?

압박감을 느끼기 때문이죠. 고객은 그들에게 설명을 요구합니다. 그래서 녹색으로 덧칠하는 것이죠. 그들은 몇 가지 '녹색' 프로젝트를 내세우고, '갈색' 프로젝트에 대해서는 아무 말도 하지 않습니다.

이게 그들의 약점입니다. 말과 사실 사이에 큰 차이가 있는 거죠. 사실이 밝혀지면, 그들은 고객을 잃을 아픔을 감수하면서 변해야만 합니다. 바로 네임 앤드 셰임(name and shame)*입니다. 이 방법으로 우리는 그들이 투자를 철회하도록 만드는 것입니다. 그들의 계정을 살펴보고 그들의 총회에 개입하십시오.

말해 보세요! 이 탄소 발자국은 무엇입니까?!

* 불법을 저지른 사람이나 기관의 명단을 발표하는 것

이것은 시작에 불과합니다! 리클레임 파이낸스의 조사 결과, 우리가 저축 상품에 가입한 돈, 즉 자금을 거의 대부분 가장 의심스러운 회사에 지원한다고 나타났습니다.

예를 들어, 프랑스 투자 펀드의 60%가 온실가스 배출량이 가장 많은 기업을 지원하고 있습니다. 심지어 그러한 기업들이 '책임감 있는' 회사인 양 내세우면서 말입니다.

지구가 뜨거워지고 있습니다. 뭔가를 해야만 합니다.

당신 말이 맞습니다. 에어컨에 투자합시다!

모든 저축 상품에는 최소한의 기후 조건이 있어야 합니다. 예를 들어, 새로운 화석 연료 개발 프로젝트를 시작하는 회사에는 자금 지원을 중단해야 합니다. 그리고 소위 '친환경적' 또는 '책임감 있는' 사람들이 정말로 있어야 합니다. 고객에게 거짓말을 그만하는 것은 기본입니다.

그러나 은행은 경제를 주도하는 역할이 아니라 지원하는 역할을 하고 있습니다. 우리는 경쟁 속에 살고 있으며, 투자를 이끄는 것은 가격입니다. 화석 가격이 재생 에너지 가격보다 유리하기 때문에 화석에 투자하는 것입니다.

무엇에 대한 책임이죠?

책임 있는 펀드에 투자하세요

여기 표시돼 있군요. '지구 온난화'라고.

흠 흠 흠!

전 프랑스 개발국의 수석 경제학자 가엘 지로를 소개합니다.

애덤 스미스 이후로 모든 경제학자가 시장이 화석 연료 가격을 과소평가하고 있으며, 그것을 시정해야 한다는 데 동의했습니다.

예를 들어 석탄을 자연이 제공하는 것으로 생각합니다. 그 가격은 채굴 작업으로 책정되고요. 석탄으로 전기를 만드는 기업은 석탄을 태울 때 방출되는 CO_2를 고려하지 않고 그것을 판매하죠.

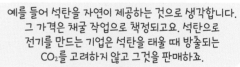

CO₂는 기업뿐만 아니라 우리에게도 비용을 요구합니다. CO₂는 지구 온난화를 가속하고 그 영향을 증가시킬 것입니다. 우리가 수행한 연구에 따르면, 2100년에 기온 상승을 2.5°C로 제한하려면 CO₂ 1톤당 2030년에는 최소 100달러, 2100년에는 430달러의 비용이 들 것입니다.

이 비용을 고려하지 않으면 경제와 관련된 모든 계산에 오류가 생길 겁니다. 경제적으로 이익이 되는 석탄 화력 발전소는 다른 사람에게 주는 피해가 기업이 가져가는 이익을 초과하기 때문에 경제적 재앙이 될 수 있습니다.

그리고 정부는 경제의 탈탄소 전환을 위해서 신기술에 막대한 보조금을 지급해야 할 것입니다.

나는 그 무엇보다 너를 사랑해…

하지만 이제는 너를 떠나야만 해. 더는 감당할 수가 없어.

따라서 석탄 1톤을 구입하는 사람은 석탄으로 배출하게 될 CO₂의 비용을 미리 지불해야 합니다. 이 비용 때문에 석탄 가격은 오르게 되겠죠.

우리는 다시 이 문제로 돌아왔습니다! 탄소세!! 하지만 아무도 탄소세를 내고 싶어 하지 않습니다. 우리는 새로운 세금으로 문제를 해결할 수는 없습니다!

오! 석탄 목걸이!

여보, 다신 과용했군요!

내 스웨덴 친구 올로프 올손을 소개하겠습니다. 이 친구는 탄소세에 대해 매우 잘 알고 있습니다.

우리는 30년 전부터 탄소세를 시행하고 있습니다! 1991년에는 톤당 26달러였지만, 현재는 톤당 126달러입니다.

그사이에 GDP는 83% 증가했고, 탄소 배출량은 27% 감소했습니다.

어떻게 그렇게 했을까요? 프랑스는 거의 초토화될 뻔했습니다.

경찰이 있어서 다행이었죠!

여러분! 여러분의 정부는 국민이 돈 한 푼 없고 국제 원유 가격이 30% 하락한 연말에 연료 세금을 인상합니다. 민심을 잃기 위해 이보다 더 잘하기 힘들 겁니다!

변화를 거부하는 갈리아인이 여기 또 있군!

똑똑하고 진지하게 행동하는 것을 금지하지는 않습니다. 1991년 탄소세를 도입했을 당시, 그것은 경제를 녹색화하고 일자리를 창출하려고 고안한 광범위한 세제 개혁의 일환이었습니다.

저소득층의 총부담액이 늘어나지 않거나 심지어 줄어들도록, 다른 세금을 삭감했습니다.

우리 프랑스에서는 기후 온난화에 반대하지만, 우리는 동결하는 것을 선호합니다.

가장 취약한 사람들에 대한 원조를…

이 정책은 합의에 따른 것이며, 우파와 좌파를 비롯한 모든 정부가 준수했습니다. 대중교통 및 지역난방에 대한 지원 조치도 동반했습니다.

분명히 합의가 이루어졌습니다. 정부는 의회, 노조 및 경제 주체와 협의했습니다. 대화가 없거나 모든 결정이 위에서 내려왔다면, 이 결정을 강압적으로 받아들였을 것입니다.

스웨덴에서도 합의가 이루어졌습니다. 하지만 스웨덴 인구가 몇 명인가요? 천만 명? 이 정도 인구로 세상을 바꿀 수는 없습니다! 큰 나라, 미국, 중국, 인도가 움직이지 않는 한, 우리 작은 나라가 움직이는 것은 쓸모가 없습니다!

아! 이 사람들은 밀항자들입니다!

뭐라고요?

경제학자 맨커 올슨이 1965년에 그의 저서 《집단행동의 논리(Logic of Collective Action)》에서 소개한 개념이 있습니다. 왜 우리는 남의 웃음거리가 되면서 노력해야 할까요? 그리고 그렇게 한들 누가 알아채기라도 하겠습니까?

모든 정부는 기후 협상에서 이렇게 주장합니다. 모두가 다른 정부가 모범을 보일 때까지 기다리며 앞장서려고 하지 않습니다. 그러나 기후 온난화의 구체적인 결과는 우리에게 지금 여기에서 행동하라고 부추기고 있습니다. 그리고 여론의 압력이 점점 더 세지고 있습니다.

큰 나라들, 특히 온난화에 노출된 중국은 이미 움직이고 있습니다. 상하이와 같이 해안에 있는 대도시뿐만 아니라 내륙 도시들도 고통받고 있습니다. 북부는 가뭄에, 남부는 홍수에 시달리고 있지요.

경제는 석탄을 기반으로 급격히 성장했지만, 중국은 석탄에서 벗어나려 하고 있습니다. 석탄 소비는 2013년 이후 정체되고 있습니다.

중국의 석탄 소비량(기가톤)

4
3
2
1

2000 2002 2004 2006 2008 2010 2012 2014 2016 2018 2020

중국은 수력 발전과 태양광 발전으로 가장 많은 전력을 만들어 내는 국가가 됐으며, 2060년 탄소 중립 목표를 발표했습니다.

미국은 그린 뉴딜이 시작된 곳입니다.

그게 뭡니까?

2019년 2월 구일 의회에 이 법안을 제안했던 알렉산드리아 오카시오코르테스를 소개하겠습니다.

젠장, 우리는 수십억 명의 작은 녹색 인간에게 잠식당할 거야!

흥! 당신은 그 말을 믿어?!

그린 뉴딜은 10년 동안 다섯 가지 목표를 정했습니다.

탄소 중립 달성

NEUTRALITÉ CARBONE

EMPLOIS VERTS

인프라에 대한 투자

INFRA-STRUCTURES

SANTÉ NATURE

특히 가장 취약한 계층에게 정의와 평등 촉진

JUSTICE ÉQUITÉ

에너지(생태적) 전환을 통해 수백만 개의 일자리 창출

시민에게 깨끗한 공기와 물, 건강한 음식과 자연 제공

게임 한 판이 끝나면, 우리는 카드를 모아서 다시 나눠 줍니다. 1929년 금융 위기 이후, 경제는 정체 상태에 있었으나 루스벨트의 뉴딜이 다시 시작하게 했습니다. 오늘 우리는 카드를 다시 나눠 주어야 합니다!

가장 취약한 사람들에 대한 원조를…

민주적이고 사회적인 프로젝트 없이 생태 프로젝트를 진행할 수 없습니다. 경제 및 정치 카드를 가진 사람들은 항상 자신의 이익을 위해 그 카드를 사용합니다.

옥스팜에 따르면, 가장 부유한 10%의 사람들이 가장 가난한 50%의 사람들보다 CO$_2$를 구배 더 많이 배출한다고 합니다.

52% 41%

극소수가 자신들의 이익을 위해서 우리의 탄소 예산을 낭비하고 있습니다. 이것은 우리를 재앙으로 이끌고 있어요. 모두가 이익을 얻어야 하고, 그러려면 모든 사람이 목소리를 내야만 합니다. 그리고 이것을 민주주의라고 합니다.

민주주의, 그건 우리야!

좋아요. 하지만 당신의 그린 뉴딜은 어디 있나요?

이 법안은 의회에서 공화당이 반대해 좌절됐습니다. 하지만 샌더스는 이 문제에 대해 캠페인을 벌였고, 민주당이 선거인단을 확보하고 있습니다. 이 운동은 수많은 NGO로부터 지원을 받고 있습니다.

규제를 받는 지역 시장

109

그렇다면 프랑스에서는 어떻게 하고 있죠? 프랑스는 화석 연료 문제를 해결했나요?

음…

어…

우리는 석탄도, 석유도, 가스도 없습니다. 수입에 의존하죠.

2019년 기준, 이 연료들이 에너지 소비의 67%를 차지했습니다.

재생 에너지 14.9%

원자력 17.7%

석유 44%

가스 21.5%

석탄 1.9%

프랑스 정부가 화석 연료 사용을 많이 보조해 주고 있다는 사실을 말해야겠군요. 2019년 유럽연합은 세금 감면 또는 직접 지원의 형태로 1,370억 유로를 보조했습니다.

그렇다면 프랑스에는 그린 뉴딜이 있습니까?

우리도 하나 있다고 생각했습니다.

2018년 8월 28일에 환경부 장관이었던 니콜라 윌로가 라디오에서 생중계로 직접 발표할 때까지는 말입니다.

자, 들게, 이번엔 내가 한턱내지!

오! 감사합니다, 보스!

유럽 술집

나는 더는 나 자신에게 거짓말하고 싶지 않습니다. 내가 이 정부에 있는 것으로 우리 정부가 이 문제에 제대로 대응하고 있다는 착각을 불러일으키고 싶지 않습니다! 그래서 나는 이 정부를 떠나기로 결정했습니다.

작은 걸음…. 당신은 작은 걸음으로 상황을 감당할 수 있다고 생각하십니까?! 오늘날 서로 연결된 세상에 드러나 있는 불평등을 이 작은 걸음으로 해소할 수 있다고 생각하십니까?! 우리는 40년 동안 작은 걸음으로 다루어 왔고, 그랬기 때문에 지금 우리가 감당할 수 없는 상황에 처한 것입니다.

그렇지 않았다면 인도에서와 같은 대중적인 운동은 없었습니다.

프랑스에서도 노란 조끼 시위가 있었습니다. 이 운동은 우리가 평소에 목소리를 들어보지 못했던 사람들을 모았습니다.

그들은 인도 농부들처럼 생계 수단을 요구했습니다. 그리고 직접적이고 참여적인 민주주의를 세울 토론을 원했습니다.

도와드릴까요?

그렇다면 토론을 했습니까?

어떤 의미에서는 그렇습니다.

'국가 대토론'이 있었습니다.

국가 대토론

친애하는 피통치자 여러분, 여러분이 어떤 소스와 함께 먹히고 싶은지 알아보기 위해 이 자리에 모이게 했습니다.

우리는 먹히고 싶은 생각이 전혀 없어요.

그건 질문에서 벗어난 답변입니다.

- 1787년 2월 22일의 〈명사회〉 그림 인용 -

아, 그렇지만 약간의 진전은 있었습니다. 보세요. 억류를 통해 온실가스 배출량은 2019년에 0.9%, 2020년 1분기에 13% 감소했습니다.

휴! 우리는 기대에 훨씬 못 미치는군요!

2020년 기후 고등위원회 보고서에서는 '설비 계획에 있어서 탄소 부문에 대한 모든 지원을 금지하고 온실가스 감축을 위한 효과적인 조치에 최대한 집중해야 한다. 그런 다음 저탄소 전환 시스템을 구축해야 한다'라고 했습니다.

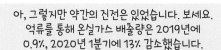

자, 나가주세요, 문 닫을 시간입니다!

어, 주인장!

마지막으로 한 잔만!

유럽 술집

그렇습니다. 그리고 이것은 전쟁 후에 국제 사회가
유엔 창설과 더불어 취한 길입니다. 유엔이 채택한
세계인권선언 제13조에서 이렇게 말하죠.
"모든 사람은 자기 나라 내에서 어디에든 갈 수 있고,
어디에든 살 수 있는 자유를 누릴 권리가 있다."

사실은 그렇지 못합니다! 오늘날 원하는 곳,
다시 말하면 부유한 나라로 갈 수 있는 것은 돈입니다.
그리고 부유한 나라는 이주민을 막고 있습니다.

글로벌 시장은 모든 것에 우선합니다.
이것은 기후 변화에 관한
유엔 기본 협약에 설명돼 있습니다.

일방적 조치를 포함해 기후 변화에 대처하려고
취하는 조치는 국제 무역에 대한 자의적 또는
정당하지 않은 차별 수단이나 위장된 제한 수단이 되어서는
안 된다! 간단히 말하면,
시장이 지구보다 중요하다는 거죠!

이것은 무엇보다 극소수의 이익을 위해
지구를 과도하게 착취하는 역할을 하고 있을 뿐입니다.
경제학자 이매뉴얼 사에즈와 게이브리얼 저크먼이 최근에 출간한
《그들은 왜 나보다 덜 내는가(The Triumph of Injustice)》에서
말하는 것이기도 합니다. 하지만 이 경제학자들은
또한 이러한 문제는 해결책이 있다고 말합니다.

그것은 우리가 말하고자 하는
것이기도 합니다. 무엇이
문제 해결을 막고 있습니까?

우리는 그에 대해서 비판적으로 생각해 보지 않았습니다.
루시에 팡손은 이것을 '패배의 문화'라고
부릅니다. 그리고 다시 말하지만, 우리는 또한
가난한 나라들을 조건화하고 그것을
개발이라고 부릅니다.

지적 마비입니다.
부유한 나라에서 우리는 시장의 법칙이
자연의 법칙이라고 믿도록
조건화돼 있습니다.

마치 노예 제도와 비슷합니다. 2세기 동안 대서양 횡단 경제는 노예 무역을 기반으로 구축됐으며, 흑인은 노예가 되려고 태어났다고 설명할 철학자와 신학자가 부족했던 적은 없었습니다.

우리는 심지어 인종 개념을 중심으로 만들어진 학문으로 이것을 정당화했습니다. 칸트는 이렇게 말했어요. "인류는 백인종에서 최대한의 완벽함에 도달했다!"

이런!

그러나 우리는 서구 사회에서 에너지와 부의 원천이었던 노예 제도를 청산했습니다. 그러기 위해서 많은 관습과 권력에 부딪혀야 했습니다. 우리는 화석 연료에서도 벗어날 수 있습니다!

그리고 우리는 해야만 합니다! 세계 곳곳에서 경고 신호가 쌓여 가고 있습니다. 극한 폭염, 이상 기후 현상, 생명 다양성 상실 등…

나는 때로 우리가 생물권에 있는 바이러스라는 생각이 들곤 합니다. 우리 인간은 바이오매스의 아주 작은 일부분을 차지하고 있습니다. 0.01%인 우리 인류는 바이오매스 없이 살아가는 방법을 알지 못하고, 그럴 수도 없습니다. 하지만 우리가 주는 피해는 상당하며 돌이킬 수 없습니다.

바이러스처럼 우리 역시 돌연변이를 일으킬 수 있습니다.

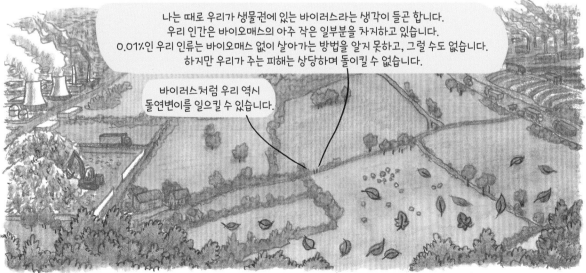

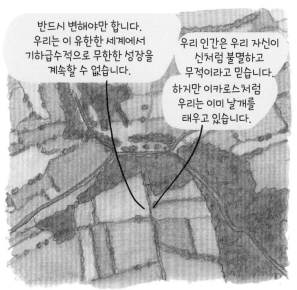

반드시 변해야만 합니다. 우리는 이 유한한 세계에서 기하급수적으로 무한한 성장을 계속할 수 없습니다.

우리 인간은 우리 자신이 신처럼 불멸하고 무적이라고 믿습니다.

하지만 이카로스처럼 우리는 이미 날개를 태우고 있습니다.

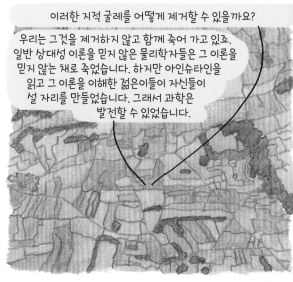

이러한 지적 굴레를 어떻게 제거할 수 있을까요?

우리는 그것을 제거하지 않고 함께 죽어 가고 있죠. 일반 상대성 이론을 믿지 않은 물리학자들은 그 이론을 믿지 않는 채로 죽었습니다. 하지만 아인슈타인을 읽고 그 이론을 이해한 젊은이들이 자신들이 설 자리를 만들었습니다. 그래서 과학은 발전할 수 있었습니다.

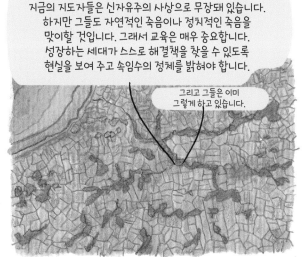

지금의 지도자들은 신자유주의 사상으로 무장돼 있습니다. 하지만 그들도 자연적인 죽음이나 정치적인 죽음을 맞이할 것입니다. 그래서 교육은 매우 중요합니다. 성장하는 세대가 스스로 해결책을 찾을 수 있도록 현실을 보여 주고 속임수의 정체를 밝혀야 합니다.

그리고 그들은 이미 그렇게 하고 있습니다.

요컨대, 인류의 모험에 있어서 새로운 장이 있습니다.

예, 이 장을 우리는 보지 못할 것입니다.

우리는 아샤와 그녀의 동료들을 믿습니다.

믿지 않을 이유가 없으니까요.

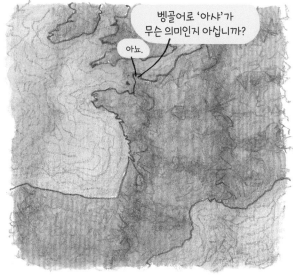

벵골어로 '아샤'가 무슨 의미인지 아십니까?

아뇨.

희망입니다.

참 조

일반적으로 우리는 IPCC 및 IPBES의 최신 보고서에 수록된 자료를 바탕으로 했습니다. IPBES 보고서는 2019년에 작성된 것이지만, IPCC의 최신 보고서는 이미 오래전인 2014년에 발표한 것입니다(여섯 번째 보고서가 2022년에 발표될 예정입니다).

우리는 이 수치를 사용하는 것이 나을 거라고 판단했습니다. 만화에서 설명한 것처럼 최근에 발표된 수치는 과학적, 정치적 합의에서 나온 결과여서 신뢰하기 힘들기 때문입니다. 하지만 지난 7년 동안 관찰해 온 추세를 고려할 때 우리가 제시하는 수치는 지나치게 낙관적일 수도 있습니다!

IPBES 보고서는 다음 사이트에서 찾아볼 수 있습니다.
https://ipbes.net/global-assessment
2014년 IPCC 보고서는 다음 사이트에서 찾아볼 수 있습니다.
https://www.ipcc.ch/report/ar5/syr/
주요 내용의 프랑스어 번역은 다음 사이트에 있습니다.
https://www.ipcc.ch/languages-2/francais/publications/
장 마크 장코비치의 사이트도 많이 이용했습니다. 이 사이트에는 매우 상세하고 명쾌한 정보가 풍부합니다.
https://jancovici.com/

이제 상세한 부분으로 넘어가겠습니다. 안데르센과 다스굽타의 기사는 〈인디펜던트(The Independent)〉지 웹사이트에서 볼 수 있습니다.
https://www.independent.co.uk/news/business/analysis-and-features/biodiversity-economy-corona-virus-covid-19-dasgupta-review-a9550156.html#gsc.ta

미국 담배 산업이 어떻게 집단적인 담배 중독 전염병을 의도적으로 조직하고, 담배의 위험성을 입증하는 모든 과학 출판물을 억제하려고 시도했는지는 앨런 브란트의 훌륭한 저서 《The Cigarette Century》(Basic Books, 2007)를 참조하십시오.
https://bhsecglobal.files.wordpress.com/2014/03/allanbrandtthecigarettecentury-131111013614-phpapp02.pdf.

르네 톰의 재앙 이론은 이바르 에클랑의 저서 《계산, 예상치 못한 결과》를 참조하십시오.

기후 임계값 문제에 대해서는 다음 사이트를 참조하세요.
https://www.pnas.org/content/pnas/105/6/1786.full.pdf?wptouch_preview_theme

산업 혁명의 역사와 에너지 문제에 대해서는 장 마크 장코비치의 사이트와 크리스토프 보네이유, 장 밥티스트

프레조의 책 《L'Événement anthropocène(인류세 사건)》(Le Seuil, 2013)을 참조했습니다.

이네스 레로와 피에르 반 호브의 탐사 연재 만화 〈Algues vertes, l'histoire interdite(녹조류, 금지된 이야기)〉는 프랑스의 대표적인 그래픽노블 잡지인 《La Revue dessinée》에 게재돼 있습니다.

IPES-Food 웹사이트에는 우리가 인용한 보고서를 포함하여 일련의 보고서가 실려 있습니다.
http://www.ipes-food.org/_img/upload/files/UniformityToDiversity_FULL.pdf

영화 〈Bigger Than Us〉 사이트는 https://biggerthanus.film/입니다.
멜라티와 위니를 소개해 주신 플로어 배서에게 감사드립니다.

도표 및 그래프 자료는 다음 사이트를 참조했습니다.
https://www.wikipedia.fr
https://www.les-crises.fr
https://www.futura-sciences.com
https://www.pnas.org
https://planeteviable.org
https://www.nature.com
https://www.livingplanetindex.org
https://www.humanite-biodiversite.fr
https://fr.unesco.org/
https://www.unicef.org/fr
https://www.banquemondiale.org
https://www.fao.org
https://www.notre-planete.info
https://www.alternatives-economiques.fr
https://ourfiniteworld.com
https://theshiftproject.org
https://fr.statista.com